KB115907

동료 교사와 함께 수업을 다시 생각하다

# 수업 고민,
# 비우고
# 담다

동료 교사와 함께 수업을 다시 생각하다

# 수업고민,
## 비우고
## 담다

**발행일**  2017년 9월 25일 초판 1쇄 발행
2022년 4월 25일 초판 2쇄 발행

**지은이**  김명숙, 송주희, 이소영

**발행인**  방득일

**편 집**  박현주, 허현정, 한해원

**디자인**  강수경

**마케팅**  김지훈


**발행처**  맘에드림

**주 소**  서울시 도봉구 노해로 379 대성빌딩 902호

**전 화**  02-2269-0425

**팩 스**  02-2269-0426

**e-mail**  momdreampub@naver.com

ISBN  978-89-97206-60-5 03370

동료 교사와 함께 수업을 다시 생각하다

# 수업 고민, 비우고 담다

김명숙, 송주희, 이소영 지음

맘에 드림

# 저자의 말

### 책을 내면서

수업이 잘된 날은 기분이 좋았다. 수업이 제대로 안 된 날은 아이들 탓을 하거나 자괴감에 빠졌다. 수업을 더 잘하는 방법을 찾기 위해 공개수업을 하고 수업 대회에도 나가 보았지만 언젠가부터 '좋은 수업이란 무엇일까?'에 대한 회의에 빠져 방황하게 되었다.

어느덧 경력 20년 차의 교사가 되었지만 3년 차였을 때보다 수업을 더 잘한다고 자신 있게 말할 수도 없다. 무엇인가 깨달았다고 생각하고 나면 늘 새로운 어려움과 다시 만난다. 수업은 손에 잡힐 듯하다가 저쪽 멀리 사라져 버리기 일쑤다. 바뀌는 교육과정과 달라지는 아이들에 맞추어 새로운 것을 찾아 헤매는 열정도 점점 한계에 부딪히는 듯했다.

잠시 멈추고, 나와 내 수업을 되돌아보는 것이 필요했다. 그 속에 수업에 대한 답이 있을 것이라는 생각이 들었다.

그러나 그 일을 혼자서는 할 수 없었다. 혼자서 하는 고민은 제

자리에서 맴돌다 포기하게 되거나, 혼자 외롭게 멀리 가 버릴 가능성이 크기 때문이다. 다행히 주변에서 이런 마음을 나눌 실력 있고 마음 따뜻한 선생님들을 만났다. 성공한 수업이 아닌 실패한 수업에 대한 이야기를 편하게 나누면서 아이들과 학부모들에게 받은 상처를 위로받기도 하고 다시 일어설 수 있는 새 힘을 얻기도 했다.

수업 고민, 비우고 담다.

지금까지 '수업 하기'에 대한 다양한 연구와 실천 사례들에 비해 새로운 '수업 보기'에 대한 관심은 그리 많지 않았던 것 같다. 이 책에서 소개하는 '수업 비담(각자의 수업 고민을 비우고 담는 협의회)'은 '아이함께연구회 수업갈무리'라는 소모임의 소박한 수업 수다에서 시작되었다. 경남 각지의 교사 여덟 분이 모여 자연스럽게 수업 대화 약속 몇 가지를 정하고 절차와 단계도 만들어 수업 나눔을 시작하였다. 그 작은 실천이 창원, 김해, 진주 등 경남 지역 10개 지부 회원들에게 퍼져나가 지금까지 그들이 속한 학교, 수업 동아리에서 새로운 수업 나눔 방법으로 실천되고 있다. 2015년부터 3년 동안 100회 이상의 수업 비담 경험과 검증을 통해 자신감을 얻은 우리는 그 일련의 과정을 책으로 엮게 되었다.

이 책은 수업 하기의 열정을 잃지 않고 수업 보기를 드라마 보는 것만큼 재미있어하는 3명의 교사가 수업 연구에 대한 이론적 체계가 아닌, 현장에서의 진솔한 실천 과정을 순도 높게 녹여낸 책이다. 따라서 이 속에는 수업에서 실패를 두려워하지 않는, 발랄한 아이들과 함께한 자신의 교실을 용기 있게 들여다보며 묵묵히 실천적 연구자로 살아가는 선생님들의 고민과 성장이 담겨 있다.

교사의 성장은 수업 속에서 의미 있는 경험을 하고 그 실천 사례를 동료 교사들과 함께 나누는 과정을 통해 이루어진다고 한다. 아이를 갖고부터 어머니가 되듯이 교사는 학생을 만나면서부터 교사가 된다. 그리고 좋은 교사는 타고나는 것이 아니라 좋은 교사 집단에서 단련되며 동료들과 함께 동반 성장하는 가운데 만들어지는 것이다. 서로의 수업을 '따뜻하고 책임감 있게' 바라봐 줄 수 있는 동료들과 함께하는 교사 공동체 속에서 비로소 교사는 실천적 전문가로서 거듭날 수 있을 것이다.

그래서 우리의 수업 비담은 이렇게 마친다.

'우리'는 '나'보다 똑똑하다.

똑똑한 '내'가 모여 따뜻한 '우리'가 되자.

## 추천사

### 아이와 함께 성장하는 선생님

국가와 사회의 미래를 걱정하는 분들은 이구동성으로 교육이 바뀌어야 한다고 말합니다. 그동안 우리 교육은 비본질적인 것에 발목을 잡혀 온 것이 사실입니다. 저는 교육의 본질을 회복하고 집중해야 교육을 살릴 수 있고, 수업을 혁신하는 것이야말로 교육 본질의 핵심이라 생각했습니다. 교실이 바뀌지 않고 교육이 바뀌었다고 할 수는 없기 때문입니다.

《수업 고민, 비우고 담다》는 제목부터 남다릅니다. 수업에 대한 고민을 비우고 새로운 수업을 제안하는 이야기가 흥미롭습니다. 탄탄한 짜임새가 돋보이는 목차만 보아도 선생님들의 노력과 땀이 배어 있다는 느낌이 듭니다. 《수업 고민, 비우고 담다》는 새로운 '수업 보기'의 방식을 제안합니다. 교사가 일방적으로 지식을 전달하는 '수직적 관계', '획일성', '강제성', '평가적 시선'을 배제하고, 선생님과 아이들이 서로 토론하고 협력하며 보다 주체적으로 수업에 참여하는 모습을 상정하며, 자율성과 다양성의 가치를 존중합니다.

여기에 나오는 선생님들의 수업 이야기는 경남형 혁신학교인 행복학교에 함께 근무하며 전문적 학습공동체를 운영했기에 나올 수 있는 성과입니다. 새로운 관점에서 수업을 바라보고, 수업을 혁신하기 위한 노력과 실제로 운영한 내용을 담아냈기에 교육적 의미가 더욱 큽니다.

수업 혁신은 선생님들의 힘으로 교육을 변화시키고, 학교를 가장 학교답게 만드는 교육 활동입니다. 이 책이 아이들과 선생님들이 함께 성장할 수 있는 비책을 담은 교육서로 널리 읽히게 되길 희망합니다.

경상남도 교육감

박종훈

# 차례

# 1부

수업 협의회 – **우리는 왜 성장하지 않는가?**

# 1장. 수업, 무엇을 보고 있나?

'지도안'

'두려움'

'협의회'

'정선된 자료'

  이것은, 주변 교사들에게 '공개수업' 하면 떠오르는 것을 물을 때 자주 나오는 표현들이다. 집에 손님을 초대하게 되면 대청소를 하고 온갖 솜씨를 발휘해 평소에 먹기 힘든 음식을 공들여 준비한다. 마찬가지로 모처럼 교실을 열어 '손님'을 맞는 행사인 공개수업에 자신의 일상 수업을 그대로 보여 주는 교사는 거의 없다. 몇 주 혹은 며칠 전부터 열심히 교재를 연구하고 자료를 준비하여 최대한 정선된 수업을 준비한다. 동료와 사전 협의하여 지도안을 만들고 다듬는 과정에서 교육과정과 교수·학습 방법에 대한 연구가 이루어지고, 수업 교사의 교수 태도나 언어가 정선되게 다듬어지는 효과도 있다. 공개 수업을 준비하느라 퇴근이 늦어지고 일상 수업의 질은 더 떨어지는 아이러니가 발생하기도 한다.

윤양수(2015)는 일상적 수업과 구별되는 공개수업에서 관례적인 문법과 습속들이 발견된다고 하면서, 공개수업의 일반적인 문법을 '방어적인 설계-안전한 공개'라고 보았다. 무엇이 교사를 두렵게 하여 수업에서 '방어'를 하고 '안전'을 추구하게 하는가? 두려움과 배움은 함께 춤출 수 없다. 교사도 수업을 통해 학생과 함께 성장해 나가야 한다. 수업을 개선하기 위해 진행하지만, 정작 교사의 성장을 가로막고 있는 공개수업과 협의회 문화의 맹점. 이것에 대한 해법을 찾는 과정이 수업을 변화시키는 출발점이 될 것이다.


## 보여 주고 보아 주는 예의

공개수업을 열심히 준비하는 것은 참관자를 맞는 예의이기도 하고, 수업 교사에게 도움이 되는 일이기도 하다. 다만 공개수업이 문제가 되는 이유는 '보여 주기 위해 꾸며진 수업'과 그것을 '예의 있게 보아 주는', 협의회 문화 때문이다. 보여 주기 위한 공개수업에는 교사의 정선된 말투와 행동, 다소 경직된 분위기, 의식적으로 성의 있게 참여하는 아이들의 태도, 넘칠 정도의 풍성한 활동과 엄선된 자료가 있다.

얼굴 근육이 떨리도록 미소를 짓고 특별히 준비한 활동과 자료를 펼쳐 내느라 최선을 다하는 수업 교사의 노고에 수업을 보는 이들 모두 공감한다. 따라서 잠시 휴식 시간을 갖고 바로 이어지는 '공개수업 협의회'에서는 평소보다 열심히 준비한 수업과 수업 교사에 대해 예의 바른 참관자들의 덕담과 치하가 뒤따른다.

그러나 수업에 담긴 교사와 학생들의 다양한 모습에 대해 깊이 있게 탐색하거나 수업 교사의 고민을 진정성을 가지고 이해하려는 시도는 드물다. 간혹 외부에서 초빙한 수석교사나 수업 컨설턴트, 장학사나 관리자가 예리한 논점을 제시하는 경우도 있지만 대부분 의미 있는 토론으로 연결되지 못하고 일방적 의견 제시에 머무르고 만다. 심지어 각자 기록한 참관록을 제출하는 것으로 협의회를 대체하는 경우도 종종 볼 수 있다. 우리 학교 현장에서 보편화된, '보여 주고 보아 주는' 예의로 점철된 온정적 공개수업과 협의회 문화의 단면이다.

이런 수업 공개 문화는 학교 동료 교사로 구성된 대다수 참관자가 수업 교사의 '고유 영역'인 수업에 제대로 발을 들여놓기를 정중하게 사양하는 분위기와 맥을 같이한다. 2010년 교원능력개발평가가 전면화되면서 연 2회 공개수업이 정례화돼 동료 교사역시 평가자로 인식되면서 이 문제는 더 심각하게 대두되었다. 평가자들 앞에서 검증을 받는 것이 목적이 된 수업은 비난을 피해 가기 위해 안전하고 무난한 코스로 갈 가능성이 높다. 묵직한 주제, 새로운 수업 방식에 대한 시도, 아이들의 반응에 따라 결과가 달라지는 역동적인 수업은 피해 가야 할 요소가 된다. 이렇게 일정한 선을 지키며 잘 꾸며진 수업은 '풀메이크업'으로 분장한 배우의 얼굴처럼 화려하지만, 보는 이들에게 거리감과 기시감을 느끼게 하는 일회성 소모품으로 전락한다. 일상의 수업과 연결되지 않기 때문에 수업 교사도 수업 개선의 여지가 별로 없으며, 보는 이들 역시 이것이 꾸며진 것임을 알기 때문에 자신의 일상 수업과 연결 짓기 위한 깊은 의미를 담지 않는다.

이러한 '애매하게 따스한' 수업 공개와 협의회 문화는 교사의 일상 수업을 개선하는 데에 별 도움이 되지 않는다. 만약 공개수업을 통해 일상 수업의 지평을 넓히고자 한다면 수업 교사는 수업에 대한 자신의 평소 철학과 질문을 공개수업에 녹여낼 필요가 있다.

'수업에서 아이들이 협력을 경험하고 배우길 원하는데 그것을 어떻게 녹여낼까?'
'아이들이 스스로 질문하도록 할 수 없을까?'

이와 같은 수업 교사의 고민을 수업에 담으려고 노력하고 이를 협의회에서 드러내야 한다. 협의회에서 수업에 대한 구체적인 화두가 던져진다면 참관 교사들은 이를 중심으로 각자의 경험과 전문성을 나누며 서로의 의견을 교환하는 계기로 삼을 수 있을 것이다.

## 수업, 무엇에 주목할 것인가?

보여 주기식 공개수업에서 수업 교사와 참관자들이 주로 주목하는 것은 겉으로 드러난 활동과 자료가 되기 쉽다. 학습목표의 도달 여부와 아이들의 활동적 태도, 자료의 참신성이나 질적 완성도 등이 수업을 평가하는 척도가 된다. 수업 교사가 학습목표에 도달하기 위해 어떤 활동을 진행하는지, 수업 교사의 의도대로 활동이 재미있고 순차적으로 잘 흘러가는지 살피다 보면 한 시간이 후딱 지나간다. 이 과정에서 막상 수업의 주인공이 되어야 할 아이들은 수업을 괜찮은 공연으로 만드는 착실한 조연 역할에 머물기 일쑤이다. 변수가 발생하지 않도록 안전하게 설계된 수업일수록 교사의 준비된 발문에 재빠르게 예상된 답변을 하는 몇몇 우수 학생을 중심으로 전개되기 쉽기 때문이다. 교사는 알면서도, 혹은 자신도 모르는 사이에 머릿속 원하는 답을 아이들에게 요구하고 암시하는 발문을 한다. 상당수 아이들은 선생님의 표정과 말투에서 이미 발문의 의도를 눈치 채고 거기에 맞추는 영민함을 보인다.

"중심지란 무엇일까요?"
- 사람들이 많이 모이는 곳이요.
- 건물이 많고 교통이 편리한 곳이요.
"맞아요. 이제 중심지의 뜻을 공책에 적어 봅시다."
"이제 우리 고장의 중심지는 어디인지 생각해 볼까요?"

- ○○마트 앞이요. 사람이 많아요.
- ○○버스터미널 주변이 교통이 편리해요.

"잘 찾았어요. 그럼 모둠 친구들과 우리 고장 지도를 보고 …
활동을 해 봅시다."

위와 같이 교사라는 주연과 우수 학생이라는 조연이 정해진 수업에서 다수의 아이, 특히 배움이 느린 아이들은 수업의 흐름을 따라가지 못하고 소외되거나 심지어 배제되기도 한다. 계획된 활동이 착착 진행되고 수업목표는 도달한 것처럼 보일지 모르나, 대다수 학생은 주제에 대해 자기 나름의 생각을 가지고 사유를 넓혀 갈 수 있는 배움의 기회를 보장받지 못한다. 평가자의 시선을 의식한 교사가 드러나는 활동과 목표를 우선적으로 고려하여 수업을 진행하다 보면, 상대적으로 학생의 배움은 저절로 따라올 것으로 치부되고 마는 것이다.

수업에는 정석이 없다고 한다. 마치 대본은 같더라도 감독과 배우의 역량에 따라 영화나 드라마의 완성도가 다르듯, 수업의 주제나 활동은 같더라도 학생들의 반응과 이를 아우르는 교사의 능력에 따라 수업 내용도 달라진다. 사토 마나부는 '배움의 공동체'에서 이러한 교사의 역량을 오케스트라의 지휘자에 비유한다. 오케스트라 연주는, 수많은 악기와 연주자의 감성을 조화시키는 지휘자의 능력에 따라 울림을 주는 음악이 되기도 하고 시끄럽기만 한 소음이 되기도 한다. 이처럼 학생 개개인의 색깔을 학습 주제와 활동에 맞추어 조율해 나가는 교사의 역할이 수업의 질을 좌우한다.

참관자의 시선이 아니라 학생의 배움에 중심을 두고 수업을 계획한다면, 교사는 화려한 활동이나 자료 대신 학생의 사고를 이끌어 낼 수 있는 주제나 질문에 대해 고민하게 될 것이다. 수업 과정에서도 여유를 갖고 학생들 간 협력과 토론을 이끌어 내는 발문, 수업의 흐름이 정체되었을 때 멈추고 되돌리는 감각적이고 허용적인 태도를 추구하게 된다.

수업 공개와 협의회를 통해 수업 교사와 참관 교사가 함께 성장하기 위해서는 수업을 보는 관점이 중요하다. 서근원(2013)은 '수업 보기(See)'는 '수업 하기(Do)'에 부수적으로 따르는 활동이 아니라, '수업 보기'가 '수업 하기'를 결정짓고, '수업 하기'는 '수업 보기'에 필연적으로 따르는 활동이라고 보았다. 그러므로 '수업 하기'의 변화는 '수업 보기'의 변화로부터 출발해야 한다는 것이다.

기존의 수업을 보는 관점은 교사의 가르침과 교수 - 학습 방법을 중심으로 장학, 평가, 컨설팅이 주류를 이루어 왔다. 이러한 관 주도의 'top-down' 방식의 수업 개혁은 교사의 수업 행위를 변화시켜 수업을 개선하고 평가하는 것이 주된 목적이다. 그런데 '수업 비평'이 등장하면서 공동체를 중심으로 수업 현상을 해석하고 이해하는 것을 '수업 보기'[1] 목적으로 지향하는 분위기가 확산되었다. 그러한 흐름에서 한발 더 나아가 '아이 눈으로 수업 보기', '배움의 공동체', '수업 친구 만들기', '수업 코칭' 등을 통해 공개수업에서 참관자의 시선이 '학생', '배움', '관계', '교사의 내면' 등 다양한 축으로 옮겨지고 있는 것은 매우 주목할 만한 변화이다.

---

1. '수업 보기'는 단순한 수업 관찰 행동을 넘어서 수업을 보는 방법과 관점을 포함하는 개념이다.

## '교사'와 '가르침' 중심으로 수업 보기

전통적인 수업 장학과 수업 평가는 주로 교사의 가르치는 행동을 관찰하고 분석한다. 참관자는 수업을 평가하고 개선하기 위해 교사의 교수 행위가 '교육과정 이해', '학생 특성 및 교과 내용 분석', '교수-학습 전략', '학생과의 상호작용', '학습 자료 활용' 등 객관적인 기준에 잘 따르는지의 여부를 확인한다.

[표 1] 동료 교사들이 작성하는 수업 평가 지표

| 평가 영역 | 평가 요소 | 평가 지표 |
|---|---|---|
| 수업 준비 | 교재 연구 | 수업 연구에 꾸준히 노력하는가? |
| | 지도 계획 | 수업설계가 정교하게 되었는가? |
| | 학습자 특성 이해 | 지도 계획에 학생 수준을 반영하는가? |
| 수업 실행 | 수업 환경 조성 | 수업 분위기를 좋게 유지하는가? |
| | 학습 동기 유발 | 동기 유발을 잘하는가? |
| | 수업 안내 | 수업 안내는 적절한가? |
| | 교수 방법 | 교수 방법이 적절한가? |
| | 상호작용 | 학생과의 상호작용이 활발한가? |
| | 교수 발문 | 교수 발문이 적절한가? |
| | 교수 태도 | 교수 태도가 충실한가? |
| | 학습 자료 활용 | 학습 자료 및 매체를 적절히 활용하는가? |
| | 학습 정리 | 학습 정리가 잘 이루어지는가? |
| 평가 및 활용 | 평가 계획 | 평가 계획을 수립하는가? |
| | 평가 내용 및 방법 | 평가 내용 및 방법이 적절한가? |
| | 평가 결과 활용 | 평가 결과를 적절히 활용하는가? |

2009년 교육부 예시, 〈교원능력개발평가 매뉴얼〉(초등학교 사용), 교육부 홈페이지, 91~93쪽

이러한 양적 접근 방식의 수업 보기는 수업에 정답이 있다는 것을 전제하며, 그 기준에 어느 정도 도달했는지 평가하는 것이 주된 목적이다. 따라서 수업 관찰 체크리스트와 같은 측정 가능한 데이터에 근거하여 짧은 시간 안에 해당 수업을 분석할 수 있고 비교적 손쉽게 평가할 수 있다.

하지만 아무리 구체적인 수업 관찰 기준을 제시한다고 해도 관찰자의 주관이 개입되어 평가가 좌우되는 것을 피하기 어렵다. 예를 들어 [표 1]에 '수업 분위기를 좋게 유지하는가?', '학생과의 상호작용이 활발한가?'와 같은 항목을 보면, 동일한 수업 장면에도 관찰자에 따라 '좋은'과 '활발한'의 기준은 다를 수 있다. 이처럼 수업을 객관적으로 보는 기준을 명시하기도 어려울뿐더러, 관찰자의 주관에 따른 평가를 수업자가 공정한 것으로 받아들이기도 쉽지 않다.

또한 이러한 세분화된 관찰 기준에 따른 수업 보기 방식은 수업을 분절적으로 보게 만들어 수업의 주체인 학생의 역할과 수업 전체의 맥락을 제대로 읽어 내기 어렵게 한다. 결과적으로 교사의 교수 행위를 체크리스트 항목으로 제한하여 수업의 역동성과 다양성이 사라지게 만든다. 수업은 반복해서 숙련될 수 있는 기술적 측면을 넘어 훨씬 복잡하고 정교한 상황과 대상을 다루는 활동이다. 매체와 자료를 거의 사용하지 않아도 즐거운 수업이 이루어질 수 있고, 학습 정리를 명확하게 하지 않더라도 학생이 충실하게 배울 수 있는 것이다.

전통적 수업 장학과 수업 평가는 교사의 교수 태도나 발문, 판서, 자료 활용 등 표면적 수업 행위를 변화시켜 교수·학습 방법을 일부 개선하는 데 도움이 될 수 있다. 하지만 궁극적으로 좋은 수업의 기준이라는 명목하에 교사들이 수업 관찰 체크리스트에 맞추어 '보여 주는' 것에만 치우친 수업을 하도록 유도함으로써 학생의 배움을 도외시하는 결과를 가져온 것을 부인하기 어렵다. 또한 기준에 따라 정해진 교사의 수업을 비판하고 지적한다는 입장을 취함으로써 수업 공개의 부담을 가중하고, 결과적으로 수업 개선이라는 본래의 목적을 제대로 실현하지 못하였다.

수업 컨설팅은 관 주도의 전통적 수업 장학이나 수업 평가에 비해 교사의 자발성에 기반을 둔다는 점에서 새로운 수업 개선 방안으로 주목받고 있다. 수업 컨설팅은 학교 컨설팅의 한 영역으로 출발했으며, 수업 능력이 이미 검증된 교사들이 동료 교사들의 수업 개선을 도와주기 위한 활동이다. 일반적으로 교사가 수업에서 겪는 어려움을 전문가인 컨설턴트에게 의뢰하고 그에 대한 해결책을 함께 모색하는 방식으로 이루어진다.

교사마다 처한 환경이 다르고 문제의식이 다르기 때문에, 컨설턴트는 문제를 해결하기 위해 교사뿐 아니라 수업을 구성하는 학습자, 학습 내용, 학습 환경 등 체재적 요소의 역동적 관계 속에서 수업을 바라본다. 따라서 표준화된 기준으로 학급이나 교사의 수업을 관리하려는 수업 장학과는 달리 학급과 교사의 문제에 맞는 처방과 대책을 제시함으로써 수업의 질적 개선을 추구한다.

김도기·김효정(2013)은 〈수업컨설팅의 개념과 위상에 관한 연구〉에서, '1만 시간의 법칙'(Gladwell, 2008)에도 교사 개인의 노력으로는 10년 이상 수업 경험을 쌓는다 하더라도 예술적 경지의 수업자가 되기 어렵다고 보았다. 그 대표적인 이유로 수업을 관찰할 수 있는 기회가 부족함을 들었다. 즉 교사가 완성된 수업자가 되기 위해서는 반복적인 수업 기술을 훈련해야 하며, 수업을 체계적으로 관찰하며 학습하고 자신의 수업을 반성할 수 있는 기회가 주어져야 한다는 것이다.[2] 이러한 시대적 요청에 대해 수업 컨설팅은 교사와 컨설턴트가 비교적 평등한 관계에서 상호 협력할 수 있는 수업 개선 방안으로 자발적 수업 개방을 촉진시켰고, 교직 사회의 수업 전문성을 공유하는 분위기를 확산시키고 있다는 점에서 의의가 있다. 현실적으로 현장의 수요가 많지 않고 상위 기관이 주도하다 보니 컨설턴트가 일정 부분 교사 평가의 역할을 맡게 되어 교사의 반성적 수업 실천을 이끌어 내기에는 한계가 있음에도 수업 컨설팅의 가능성은 열려 있다고 볼 수 있다.

## '학생'과 '배움' 중심으로 수업 보기

가르침만 있는 수업도 없고 배움만 있는 수업도 없다. 그런데 지금까지 우리가 수업을 보는 관점은 교사의 가르침에 초점을 맞춤으로써 한쪽으로 상당히 치우쳐 있었다. 이것은 가르치는 방

---

2. 〈수업컨설팅의 개념과 위상에 관한 연구〉(김도기·김효정, 2013)

법이 개선되면 자연히 수업 내용도 개선될 것이라는 인식이 팽배했기 때문이다. 수업에 대한 이러한 인식은 객관적 지식관을 바탕으로 지식의 암기와 숙달을 강조하던 학력관과 맞물려 있다. 그러나 지식의 습득을 넘어 지식의 활용과 재생산을 통한 '문제해결'을 강조하는 새로운 학력관의 등장으로 수업을 보는 관점과 수업이 바뀌고 있다. 비록 교사가 열심히 가르쳤더라도 배움에 대한 학생의 자발적인 의지와 노력이 없으면 학습이 이루어지지 않는다는 점에 주목하기 시작한 것이다. 배움을 중심으로 수업을 본다는 것은, 지금까지 교사의 관점에서 수업을 보던 것에서 나아가 학생이 '무엇을', '어떻게' 배우고 있는지 살피며 수업을 다양한 관점에서 바라보는 것을 의미한다. 사토 마나부의 '배움의 공동체'나 서근원의 '아이 눈으로 수업 보기' 등이 여기에 속한다.

'배움의 공동체'에서는 수업을 혁신하여 학교를 '함께 성장하는 공동체'로 만들어 가고자 한다. 이를 위해 학교 내 동료들과 공동체를 이루어 자발적으로 수업을 공개하고 협의하는 분위기를 정착시켜야 한다고 강조한다. 여기서는 공동체의 관계 형성에 걸림돌이 되는 기존의 '교사' 중심 수업 보기 방식의 문제점을 지적하면서, 참관자의 시선을 '학생'과 '배움'으로 이동시켜야 한다고 강조했다.

[표 2] 배움의 공동체 수업 참관록 양식 예시

| 수업 교과 | | 수업 대상 | |
|---|---|---|---|
| 수업 단원 | | 참관 일시 | |

| | | |
|---|---|---|
| Ⅰ.<br>학습자의<br>배움 | (1) 학습자는 어디에서 배우고 어디에서 주춤거리고 있는가? | |
| | (2) 교사의 지시에 학생들은 어떻게 배우고 있는가? | |
| | (3) 학생들은 배움의 맥락을 이해하고 있는가? | |
| | (4) 학습과 관련한 의미 있는 모둠 활동이 이루어지고 있는가? | |
| | (5) 학습자의 점프가 있는 배움이 이루어지고 있으며, 어느 지점에서 이루어지고 있는가? | |
| Ⅱ.<br>교사의<br>활동 | (1) 교사는 학습자 한 명 한 명에게 주목하는가? | |
| | (2) 학습자와 학습자, 사물, 사건과의 연결 및 관계(되돌리기)는 어떻게 이루어지고 있는가? | |
| | (3) 교실에서 배움과 상관없는 불필요한 언어와 행동은 없었는가? | |
| Ⅲ.<br>교실에서의<br>관계 | (1) 서로 가르쳐 주고 배우는 관계가 잘 형성되어 있는가? | |
| | (2) 협동적인 배움이 일어나고 있는가? | |
| Ⅳ.나의<br>배움 | | |

경남 U중학교 '배움의 공동체' 수업 협의회 참관록(2017)

수업 참관록 양식에는 '학생들의 배움'과 '수업 속 관계 맺기와 되돌리기'를 '교사의 활동'과 함께 중요한 수업 관찰 기준으로 다루고 있다. 이러한 수업 관찰 기준은 수업에서 학습자의 역할을 부각하고 학습자의 배움을 중요하게 다루도록 하여, 수업이 학습자 중심으로 바뀌는 데 기여하였다.

'아이 눈으로 수업 보기'는 기존의 양적 수업 보기 방식을 비판하며 등장한 교육인류학에 토대를 둔 질적 접근 방식이다. 서근원은 '수업'을 학생이 교육적으로 살아가는 가운데 변화하고 성장해 가도록 하는 것을 목적으로 구성된 삶의 장면으로 보았다. 따라서 적절한 수업 방안을 모색하기 위해서는 수업 장면에서 학생이 무엇을 어떻게 경험하는지, 학생에게 그 수업이 어떤 의미가 있는지를 이해할 수 있어야 한다고 하였다. 이 수업 보기 방식은 수업을 관찰자가 아닌 '참여자', 즉 학생의 관점에서 바라보고 이해하려고 한다는 점에서 다른 수업 보기와 큰 차이가 있다. 이를 위해 사전에 수업자와 관찰자가 협의해서 집중적으로 관찰할 '벼리' 학생을 선정하고, '벼리'에 관한 정보를 수집한다. 관찰자는 '벼리' 학생의 행위를 중심으로 수업에서 일어난 상호작용을 관찰자의 견해나 해석을 배제하고 세밀하게 기록하고, 그것을 바탕으로 수업 교사와 관찰자가 함께 학생의 행위를 학생의 관점에서 폭넓게 분석하고 그 의미를 다양하게 해석하고자 한다.

[표 3] 아이 눈으로 수업 보기 수업 관찰 기록 예시

| 일시 : 20○○년  ○월 ○일  ○시~ ○시( ○교시) |
| 교사 : ○○○(남/여,  ○○세, 경력 ○○년) |
| 학급 : ○○도 ○○시 ○○초등학교 ○학년 ○반(남 ○○명, 여 ○○명) |
| 학생 : ○○○(학생 특성 서술) |

| 시각 | 교사 행위(사고) | 학생 행위(사고) | 기타(상황) |
|------|----------------|-----------------|------------|
|      |                |                 |            |
|      |                |                 |            |
|      |                |                 |            |

서근원(2007)

[표 4] 아이 눈으로 수업 보기 수업 관찰 기록 예시

| 준 비 | 문제의식 확인/맥락, 상황 파악 |
|-------|------------------------------|
| 관 찰 | 선이해 파악/수업 관찰 기록/학생의 이해 확인/수업 기록 검토 |
| 분 석 | 과정 분석/과정 분석 검토/상황 구분/경험 추론/구조 파악 |
| 해 석 | 의미 해석 |
| 대 안 | 원인 파악/시사점 발견/개선 방안 모색 |
| 발 견 | 보고서 작성/수업의 원리 발견 |

서근원(2013)

'아이 눈으로 수업 보기'는 수업 관찰의 대상으로 교사가 아닌 학생이 경험하는 것과 변화하는 과정에 집중하기 때문에 수업의 이면에 담겨 있는 다양한 삶의 양상을 발견하게 된다. 학생의 관점에서 수업을 보면 학생의 표정, 습관적 동작, 주변 학생과의 대화 등 매우 많은 행위와 상호작용이 드러나기 때문에 수업 내용을 풍부한 대화 소재로 이끌어 낼 수 있다. 이 소재를 중심으로 수업 교사와 관찰자가 지속적으로 대화하며 추론하는 가운데 수

업을 보는 다양한 관점을 경험하고 인정하게 된다. 그리고 그동안 지나쳐 왔던 수업의 이면에서 전개되는 사고의 과정을 확인함으로써 수업을 입체적으로 볼 수 있게 된다. 이를 토대로 수업 교사와 관찰자는 학생의 관점에서 자신의 수업을 바라보며 성찰하게 되고 대안을 모색할 수 있다.

## 비평적 관점으로 수업 보기

2000년대에 들어서 수업 현상을 기술-합리적 활동으로 이해하는 전통에 대한 비판으로, 수업의 예술성을 주목하며 수업 현상을 비평적 관점으로 바라보는 흐름이 주목받기 시작하였다. 수업을 비평적으로 본다는 것은 교사의 교육적 선택이 수업 속에서 어떤 의미가 있는지 살펴보는 것이다. 따라서 수업을 볼 때 일정한 틀로 재단하는 것이 아니라 수업을 예술 작품으로 보고 교사가 어떤 의도와 목적으로 수업을 연출하고 있는지 보고자 한다.

엄훈(2014)은 수업 비평이 기존의 '체크리스트로 수업 보기/수업 나누기' 프레임에서 '작품으로서의 수업 보기/비평적 실천'의 프레임으로 바뀌었다고 보았다. '작품으로서의 수업 보기'는 수업 현상에 질문을 던지고 답하는 과정을 통해 수업 장면을 맥락 속에서 읽어 내고 수업 시간에 드러나는 행위의 의미를 해석하고 재구성하는 것이다. '비평적 실천'은 수업에서 본 것을 공적인 소통의 장에서 나누는 것을 말한다. 비평문 쓰기는 비평적 실천의 핵심이다.

[표 5] 수업 비평의 일반적 절차

| |
| --- |
| 1. 수업과의 만남을 위한 사전 준비 – 교사, 학생에 대한 정보, 수업안 |
| 2. 수업 관찰 및 촬영하기 - 수업 상황 기록 |
| 3. 관련 자료 수집 분석 및 수업 전사하기 – 교수 자료, 학생 활동 자료, 면담 자료 |
| 4. 수업의 중심 주제 부각하기 |
| 5. 수업 비평문 작성하기 |

이혁규(2014)

　어떤 형태의 비평이든 그 속에는 비평가의 관점과 주제가 강하게 드러난다. 그러한 관점은 나름의 가치를 담고 있기 때문에 특정한 관점이 옳거나 그르다는 식으로 접근해서는 안 된다. 수업 비평에서도 수업을 특정 잣대로 평가하기보다 다양한 시선으로 바라보고 나름의 해석과 의미를 담고자 노력한다. 수업 비평 과정에는 수업 중 일어나는 교사와 학생의 행위를 밀도 있게 관찰함으로써 발견해 낸 풍부한 이야깃거리가 있다. 수업 내용은 물론이고 수업에서 이루어진 많은 행위, 발문과 대화, 자리 배치, 인쇄물 구성, 수업 디자인 등 다양한 요소가 해당한다. 수업 비평가는 교사가 어떤 의도를 가지고 학생들을 몰입시켜 나가는지 살펴보며 여러 이야기를 나눌 수 있다. 평가의 시선이 아니라 이해의 시선으로 수업을 보기 때문에 교사는 보다 편안하게 수업을 공개할 수 있다.

수업 비평은 공동체와 함께 수업을 다양한 관점에서 바라보며 수업과 수업 교사의 장점과 개성을 부각시켜 주는 대신, 수업 컨설팅과 달리 수업에서 드러난 문제나 교사의 고민에 대한 구체적인 피드백은 수업 교사의 몫으로 남겨 두는 경향이 있다. 따라서 학교 현장에서는 수업을 비평적 관점으로 바라볼 때 생성되는 다양한 담론을 자원으로 활용하여 풍부한 토론과 성찰을 만들어 낼 수 있는 구조적 장치가 필요하다.

## 토론하고 성찰하며 수업 보기

진영은·함영기(2009)는 〈수업 전문성의 재개념화 연구 동향 비교 연구〉에서 기술적 합리성을 강조한 전통적인 수업 전문성 개념의 대안으로 '반성적 실천'을 제시하고 있다. 그리고 반성적 성찰의 취지를 살리기 위해 집단 반성을 가능하게 하는 네트워크적 환경과 협력적 관계를 제안한다. 이를 바탕으로 이혁규(2011)는 새로운 교수·학습 경향에 맞는 교사상으로 '학습 공동체를 통해 더불어 성장하는 성찰적 실천가'를 설정하였다. 또한 구체적인 수업 전문성 영역을 다음과 같은 4가지로 제시하였다.

[표 6] 수업 전문성 영역

| 1차 항목 | 2차 항목 |
|---|---|
| 수업 설계 능력 | 교과 내용에 대한 이해, 교육과정에 대한 이해, 일반적 교수 방법에 대한 이해 |
| 수업 실행 능력 | 수업 관리 능력, 교수 내용 지식, 학습자 이해 |
| 수업 성찰 능력 | 실천의 기록과 관리, 양적 수업 관찰과 질적 비평 능력, 자기 성장의 기획과 실행 |
| 수업 소통 능력 | 수업 공유에 대한 개방적 자세, 수업 대화 및 컨설팅 능력 |

이혁규(2011)

이와 같이 수업의 전문성 영역에서 기존의 설계 능력과 실행 능력에 더해 성찰 능력과 소통 능력이 새롭게 강조되고 있다. 수업을 설계하는 능력과 실행 능력, 수업 성찰과 소통 능력은 서로 밀접하게 연결되어 있다. 수업 공유에 대한 개방적 자세를 바탕으로 동료와 함께 수업을 나누고, 그에 대해 대화하는 과정에서 자연스럽게 자신의 수업의 의미를 짚어 보고 성찰할 수 있다. 이러한 성찰과 소통 능력이 다시 수업설계와 실행 능력을 향상시키는 선순환의 과정이 반복된다.

최근 수업을 개선하기 위한 새로운 흐름으로 교사 스스로 수업을 들여다보며 정답을 찾아갈 수 있도록 돕는 '수업 친구 만들기'나 '수업 코칭'이 부각되고 있다. '수업 코칭'은 '수업 친구 만들기'를 보다 전문적인 수업 코치를 중심으로 구조화시킨 수업 나눔[3]

---

3. '좋은 교사 수업코칭연구소'에서 주도하고 있는 '수업 친구 만들기' 운동은 수업 그 자체를 분석하는 것이 아니라 수업을 하는 교사의 내면을 살피고 함께 수업을 이야기하는 것이 실질적으로 수업을 개선하는 데 도움이 된다고 강조한다. 또한 '수업 협의회'라는 용어가 수업을 객관화하고 대상화하는 느낌을 주며 공식적이고 행정적인 협의회 분위기를 만들어 진솔한 수업 이야기를 나누기 어렵게 한다고 지적하면서, 반성과 성찰을 중심으로 하는 협의회의 의미를 지닌 '수업 나눔'이라는 용어로 바꾸어 쓸 것을 제안한다.

방식이다. 두 가지 수업 나눔 방식에서 동료 또는 수업 코치는 수업 교사와의 따뜻한 관계를 바탕으로 함께 수업을 보고 질문을 던져, 성찰 과정에서 교사가 잘 인식하지 못했던 문제의 근본 원인을 스스로 깨닫고 해결할 수 있도록 돕는 역할을 한다.

[표 7] 수업 친구와 수업 나누기 단계

| 주된 주체 | 방법 | 단계 | 시선 | 질문 |
|---|---|---|---|---|
| 수업 친구 | 환대 | 이해 하기 | 교사, 학생 | 교사는 어떤 의도와 맥락을 가지고 수업을 했는가? |
| | | 격려 하기 | 교사 | 어디서 어떻게 교사의 수업적 신념이 드러나는가? |
| | | | 학생 | 어디서 어떻게 학생들의 배움이 만들어지는가? |
| 수업 교사 | 성찰 | 직면 하기 | 교사 | 어디서 어떻게 교사의 신념이 흔들리고 있는가? |
| | | | 학생 | 어디서 어떻게 가르침과 배움이 어긋나고 있는가? |
| | | 화해, 도전 하기 | 교사, 학생 | 내가 이해하고 그대로 받아들여야 할 것은 무엇인가? 다음 수업에서 어떤 것에 도전하고 싶은가? |

김태현(2013)

수업 친구 만들기는 동료의 따뜻한 시선과 격려 속에서 교사가 자신의 내면을 직면하도록 돕는 대화를 통해 수업을 성찰할 수 있는 장점이 있다. 하지만 소수의 인원으로 이루어지는 수업 나눔은 수업을 보는 안목이 다소 제한적이거나 비효율적 대화 방식으로 흘러갈 우려가 있다. 따라서 점차 수업 친구의 범위를 넓혀 여러 명의 동료와 함께 수업을 보며 다양한 시선을 공유할 필요가 있다. 또한 체계적 절차에 따라 수업에 대한 관찰과 해석을 풍부하게 나눌 수 있도록 하여 수업에 대한 이해와 성찰의 깊이를 더하는 것이 도움이 될 것이다.

수업 코칭에서는 수업이 흔들리는 것이 단순히 수업 기술의 문제만이 아니라 수업에 대한 신념의 부재, 관계 지향적 수업에서 상호작용이 필요한 순간에 대한 알아차림 부족, 정서적인 아픔 등 교사 내면의 문제라고 본다. 이러한 문제는 외부적인 지도 조언으로 쉽게 변화할 수 없다. 오히려 동료들의 심리적 지지와 격려, 교사 자신의 알아차림과 성찰의 힘에서 해법을 찾을 수 있다. 따라서 수업 코치는 수업 장면을 세밀하게 관찰하고 기록하여 이를 토대로 질문과 경청을 통해 수업 대화와 나눔이 이루어지도록 해야 한다. 이 과정에서 수업 교사가 '내가 어떤 지점에서 무너지고 있는가?', '수업 속에서 나의 두려움은 무엇인가?'를 이야기함으로써 두려움을 극복하고 자신의 내면을 다져 나갈 수 있다고 본다. 질문은 성찰적 질문(누가), 교육철학(왜), 교육과정(무엇), 교수 – 학습 방법(어떻게) 순으로 진행한다(김현섭, 2013).

[표 8] 수업 친구와 수업 나누기 단계

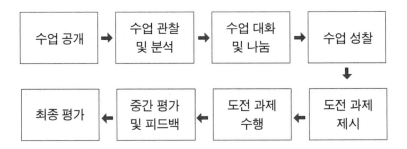

김현섭(2013)

　수업 코칭 과정은 상담 기법이 접목된 대화 형태로 수업 교사의 내면을 구체적인 질문을 통해 다루기 때문에 상당히 내밀하고 정교한 작업이다. 따라서 수업 교사와 래포(Rapport)가 형성되어 있는 소수의 구성원과 함께 이루어지는 것이 좋다.

　또한 처음부터 효과를 기대하기 힘든 상담과 마찬가지로 교사 자신의 내면에 대한 알아차림과 성찰이 일어나도록 하기 위해서는 여러 차례의 코칭이 필요하다. 따라서 구성원의 층위가 다양하고 시간적 제약을 지닌 일반적 학교 현장에서는 수업 코칭의 장점을 살리되 보다 절충된 형태의 수업 성찰 대화 방식이 필요하다.

　'수업에서 무엇을 보는가'의 문제는 수업을 바꾸는 중대한 열쇠가 된다. 수업의 기술적 측면에 치우친 수업 보기 방식은 수업의 표면과 형식만 일부 바꾸었을 뿐 수업에 대한 진정한 변화는 이 끌어 내지 못했다. 오히려 교사들로 하여금 수업 공개를 꺼리게 만들고, 수업에 대한 겉도는 대화만 오가는 형식적인 협의회를 양산해 냈다.

'수업 컨설팅'은 교사의 자발성에 입각하여 비교적 동등한 입장에서 전문적 컨설턴트와 협력하여 수업 개선을 도모한다는 점에서 진일보한 수업 전문성 신장 방안으로 추진되고 있다.

거기에 최근 등장한 '수업 비평'과 '배움의 공동체', '아이 눈으로 수업 보기' 등 새로운 관점의 수업 보기는 늘 수업과 함께 평가 대상으로 존재하던 학생과 교사에 대한 인식의 전환을 가져왔다.

이들은 수업을 '이해'의 목적으로 바라보는 따뜻한 수업 보기 문화를 형성했고, 비로소 교사들이 닫힌 마음의 문을 열고 수업을 공개하도록 용기를 끌어냈다. 나아가 '수업 친구 만들기'와 '수업 코칭'은 우리 학교 현장을 동료와 함께 따뜻하고 솔직한 수업 이야기를 나누는 전문적 학습 공동체로 만들어 가도록 시발점 역할을 하고 있다.

수업 교사의 변화와 성찰은 각자의 수업 고민을 솔직하게 나눌 수 있는 동료성에 기반하여 시작된다. 동료와 함께하는 따뜻한 공동체 안에서 협력적이고 수평적인 대화가 이루어지는 수업 나눔은 수업 공개에 대한 부담을 한결 덜어 줄 것이다.

또한 이러한 관계를 바탕으로 공동의 수업 고민에 대해 보다 깊고 자유롭게 토론할 수 있다면 더욱 적극적인 수업의 변화를 기대할 수 있을 것이다.

# 2장. 공개수업과 협의회,
## 관행과 룰을 넘어

　전국 '좋은교사' 회원을 대상으로 한 설문(2014년 11월 21일
~26일 실시, 550명 참여)[1]에 따르면, 교사들이 수업 공개나 참
관 후 '실질적으로 수업 협의회를 하지 않는 비율'이 27%이며 '연
1~2회 협의회를 실시하는 비율'이 46%라고 한다. 연간 수업 협
의회 2회 이하 참여 비율이 73%에 이른다는 것은 공개수업 후 진
지하게 수업에 대한 이야기를 나누어야 할 협의회가 현장에서 형
식적인 행위에 머물고 있으며, 실질적인 수업 개선의 역할을 제
대로 하지 못하고 있다는 의미이다.

　최신 유행하는 활동과 모형으로 치장한 복잡한 지도안.
　수업 중 예상되는 시행착오를 꼼꼼하게 걸러 주는 동학년 협의.
　수업의 부족한 점을 내세우는 겸손이 미덕인 수업 교사 자평.

---

1. 좋은교사 수업코칭 연구소(2014), 《좋은교사 수업컨퍼런스 자료집》

한 차시 수업에 대해 지나친 판단과 충고를 담은 지도 조언.

교육 현장에는 위와 같이 공개수업이나 협의회와 관련한 갖가지 관행이 자리 잡고 있다. 이러한 관행은 어느새 반드시 따라야만 하는 규칙처럼 굳어져, 학교와 교사의 공개수업 사용 설명서처럼 작용하고 있는 경우가 많다. 《배움과 돌봄의 학교공동체》, (한대동 외 2009)에서는 기존 수업 협의회와 공동체적 수업 협의회를 다음과 같이 비교하고 있다.[2]

[표 1] 과학 수업 밑그림

| 구분 | 기존의 협의회 | 배움과 돌봄의 협의회 |
|---|---|---|
| 진행<br>순서 | 1. 개회사 2. 수업 자평<br>3. 질의·응답 4. 참관자 의견 발표<br>5. 전문가의 지도 조언 6. 총평 | 1. 수업자 한마디<br>2. 생각 나누기(참가자의 비평 및 감상)<br>3. 도움말씀 |
| 토의<br>과정 | 1. 수업자는 자기 수업 분석 후 문제점을 파악하고, 자신의 수업 개선 내용을 발표<br><br>2. 참관자는 객관성 있고 타당성 있는 관점에서 질의 및 느낀 점 발표<br><br>3. 교사의 사전 연구에 중점을 두며 교재 연구, 수업목표의 달성도, 교사의 발문, 수업의 조직, 교수 매체 활용, 평가 등을 논의 | 1. 이야기 대상을 '어떻게 가르쳐야 했는가'에 둘 것이 아니라 '아이들이 어디에서 배우고 어디에서 주춤거리고 있는가'에 둠<br><br>2. 이야기 과정에서 참관자는 '수업자에게 조언'이 아니라 그 수업을 관찰하고 스스로 배운 것을 이야기하고 그 다양성을 교류하며 함께 배움<br><br>3. 이야기하는 장에서 모든 참가자는 최소한 한마디는 반드시 발언해야 하며 목소리가 큰 사람이나 지도적인 인물에 지배되지 않는 민주적인 토의를 실현할 것 |

---

2. 한대동 외(2009), 《배움과 돌봄의 학교공동체》, 학지사

앞에서 알 수 있듯이 기존의 수업 협의회에서는 수업자가 자기 수업에 대한 문제점을 파악해서 발표하는 수업 자평이 먼저 이루어지는 경우가 일반적이다. 이어지는 참관자의 질의나 소감도 배움과 돌봄의 협의회에서 지적하듯 '수업자에게 조언'하는 형태로 이루어지고 있음을 알 수 있다. 이러한 협의회 진행은 수업자가 비판받고 평가받고 있는 느낌을 주어 큰 부담으로 다가온다. 참관자도 '객관성 있고 타당성 있는 관점에서' 수업을 분석하고 논의해야 하는 부담감이 있기는 마찬가지이다. 이어지는 전문가의 지도 조언이나 총평은 공개된 수업과 교사에 대한 최종 평가처럼 여겨진다.

지금까지 살펴본 것처럼 각종 관행이 자리 잡고 있는 공개수업과 경직된 분위기의 협의회 문화는 갈수록 교사들의 호응을 받지 못하고 실질적인 수업 개선의 걸림돌이 되어 왔음을 알 수 있다. 또한 기존 협의회에 대한 비판과 함께 '배움과 돌봄의 협의회'에서 제안하고 있는 토의 과정도 살펴보았다.

이 장에서는 '지금까지의 공개수업과 협의회 문화에서 꼭 필요한 것은 무엇이고 버릴 것은 무엇인가?', '무엇을 어떻게 바꾸어야 할까?'에 대한 고민을 바탕으로 '지도안', '훌륭한 수업', '사전·사후 협의회'라는 세 가지 논제를 추출하였다. 이를 중심으로 하여 수업을 바꾸는 새로운 수업 보기 방안을 모색해 보고자 한다.

# 지도안, 꼭 필요한가?

경력 5년 차 최 교사의 수학과 공개 수업이 한창 이루어지고 있는 초등학교 3학년 교실. 동학년 윤 교사는 교실 뒤쪽 의자에 앉아 지도안을 손에 든 채 지도안과 수업 장면을 번갈아 지켜 보고 있다. 윤 교사는 지도안에 적혀 있는 수업의 목표와 흐름을 읽어 보고, 준비된 활동이 제대로 이루어지는지 유심히 살펴본다. 그런데 지난 시간에 배운 내용을 확인하는 최 교사의 질문에 많은 아이가 제대로 대답을 못하는 상황이 발생한다. 최 교사가 진땀을 흘리며 지난 시간에 배운 내용을 아이들에게 다시 설명하는 동안 이미 수업 시간이 반 이상 지나가고, 윤 교사는 수업이 엉뚱한 방향으로 흐르는 것에 신경이 쓰여 지도안을 만지작거리기 시작한다. 결국 지도안에 제시된 활동을 제대로 하지 못하고 최 교사가 수업을 마치자 윤 교사가 최 교사에게 다가가 위로의 말을 건넨다.

이러한 수업 참관 장면과 윤 교사의 태도가 익숙하게 느껴지는가? 그렇다면 공개수업 지도안이 참관자와 수업 교사에게 주는 득과 실을 제대로 판단해 보아야 한다. 먼저 지도안이 필요한 까닭을 생각해 보자.

아래에 나오는 것은 최근에도 사용되고 있는 초등학교의 일반적 공개수업 지도안 양식이다. 여기에서 볼 수 있듯 지도안 하나에 학습 단계와 학습내용, 교수·학습활동, 시간, 자료 및 유의점

등 매우 많은 요소가 포함되어 있다.

[표 2] 공개수업 지도안 예시(경남 A초등학교, 2017)

| 단원(차시) | 1. 9까지의 수 | | 쪽수 | 30~31 |
|---|---|---|---|---|
| 학습 제재 | 얼마나 알고 있나요? | | 수업 모형 | 문제 해결 학습 모형 |
| 학습 목표 | 0부터 9까지의 수 개념을 이해하고, 수를 세고 읽고 쓸 수 있다. | | | |
| 학습 자료 | 여러 가지 구체물(바둑돌, 병뚜껑, 공깃돌, 스티커 등), 문항지 | | | |

| 학습<br>단계 | 학습<br>내용 | 교수 학습 활동 | | 시<br>간 | 창의<br>인성<br>요소 | 자료<br>유의점☞ |
|---|---|---|---|---|---|---|
| | | 교사 발문 | 학생 예상 활동 | | | |
| 문제<br>파악<br>하기 | 동기<br>유발 | ▶ 수학 준비 활동<br>- 수셈판 수 세기<br>- 교사가 말하는<br>  수와 지시에 맞<br>  게 행동하기<br>예) 인사 일곱 번<br>  하기, 손가락 펼<br>  치기, 박수 치기<br>  등등 | ▶ 수학 준비 활동<br>- 수셈판 수 세기<br>- 교사 지시에 따<br>  라 행동하기 | 4 | 호기심,<br>성취,<br>동기 부여 | ☞ 수학 준비 활동은<br>  당일 학생들의 정<br>  서 및 학습 상태를<br>  보고 진행한다. |
| | | ▶ 학습 문제 확인<br>- 1~9까지 얼마나 알고 있는지 확인<br>  하여 봅시다.<br>▶ 학습 활동 안내<br>-〈활동 1〉 다양한 구체물로<br>         수 세기 놀이<br>-〈활동 2〉 문제 보물 찾기 | | 1 | | ☞ 학습 문제 및 학습<br>  활동은 안내하되<br>  아이들의 배움, 집<br>  중을 위해 판서하<br>  지 않는다. |

| 문제 해결 방법 찾기 | 수 세기 | ▶ 활동 1 : 수 세기 놀이<br>- 여러 가지 구체물로 수 세기<br>〈놀이 방법〉<br>1. 앉은자리 줄이 한 팀<br>2. 교사가 부르거나 표시하는 숫자의 구체물을 가져오는 활동<br>3. 앞사람이 바구니에서 바둑돌을 해당 수만큼 가져와 다음 사람의 확인을 받는다.<br>4. 앞사람이 맞게 가져온 것을 확인한 뒷사람이 출발하여 (3)의 방법을 반복한다<br>5. 마지막 사람은 처음 출발한 사람에게 확인을 받는다.<br>6. 모두 다 바둑돌을 가져왔으면 책상 위에 올려 선생님 검사를 받는다.<br>7. 위와 같은 방법으로 여러 가지 구체물을 직접 세어 본다. | 10 | 협동성 | ☞ 바둑돌, 병뚜껑, 공깃돌, 스티커 등<br>☞ 팀별 경쟁이 아닌 협동을 중심으로 활동할 수 있도록 안내한다.<br>☞ 수를 제시할 때 순서수도 포함하여 배운 내용이 모두 들어가도록 한다. |

일상의 수업에서 교사는 미리 지도안을 만들어 놓고 수업하지 않는다. 대부분 교사용 지도서나 교과서에 간단히 수업설계를 기록하거나, 흐름만 파악할 수 있는 형태로 수업 일지 등을 기록해 놓고 수업하는 정도이다. 공개수업에서는 어떤가? 며칠 혹은 몇 주 동안 고민하며 수업을 설계하고 준비하는 과정에서 이미 교사의 머릿속에는 수업의 흐름이 고스란히 담겨 있게 된다. 그렇다면 공개수업에서 내놓은 세밀한 지도안은 결국 참관자를 위한 것이다. 사전에 같이 수업을 협의한 동료 교사가 참관자라면 수업에 대해 어느 정도 알고 있겠지만, 그렇지 않은 경우 수업의 목표와 흐름을 이해하기 위해서 지도안은 필요한 자료이다. 그런데 문제는 참관자들이 지도안을 마치 해당 수업의 교본이라도

되는 듯 손에 꼭 쥐고 수업 내내 들여다보고 있다는 데 있다.

다음 사진에서 알 수 있듯이 일반적 공개수업에서는 참관자들의 자리가 교실 뒤쪽에 배치되어 있다. 참관자들의 위치상 교사를 정면으로 살피고 학생들의 뒷모습을 바라보게 됨으로써 교사 중심으로 수업을 관찰하게 되기 쉽다. 그렇다 보니 더욱 교사가 지도안에 계획한 대로 수업을 하고 있는지에 초점을 맞추어 수업을 보느라 손에서 지도안을 놓지 못하는 것이다.

[그림 2] 공개수업 참관자 자리 배치

교사라면 누구나 경험하듯 수업은 계획한 대로 흘러가지 않는다. 아이들은 살아 있는 유기체이며 교사가 예상한 반응을 뛰어넘는 경우가 허다하다. 그러므로 '아이들의 배움'을 중심에 둔 수업은 아이들의 반응에 따라, 상황에 따라 충분히 달라질 수 있게 유동적이어야 한다. 지도안에 있는 활동과 흐름은 언제든 바뀔 수 있는 내용이며, 심지어 학습목표조차 수정될 수 있다. 예를 들어 분모가 같은 진분수의 덧셈을 가르치려고 준비했는데, 막상 수업을 시작하니 상당수 아이가 진분수의 개념을 헷갈려 한다면 과감히 진분수의 개념 이해로 수업목표를 수정해야 한다. 이런 유동적인 수업에서 지도안은 일종의 참고 자료일 뿐이다. 그런데 지도안에 코를 박고 있느라 역동적으로 흘러가는 수업의 맥락과 아이들의 재미있는 반응을 놓치는 경우가 얼마나 많은가? 지도안을 손에서 내려놓고 아이들 속으로 들어간다면 수업을 제대로 볼 수 있지 않을까?

아이들이 어떤 이야기를 나누는지, 공책은 어떻게 쓰고 있는지 수업의 다양한 측면을 살피다 보면 수업 교사가 놓치고 있는 미시적인 정보를 얻게 되는 경우가 많다. 이러한 정보는 평소 참관자 자신의 수업에서 놓치고 있는 것과 유사한 것일 개연성이 많다. 협의회에서 참관자들이 각자 관찰한 것을 나누어 그 내용들을 조합하다 보면 전체적인 수업의 그림이 겉보기와 달라지는 것을 흔히 경험할 수 있다.

공개수업에서 참관자가 수업 속으로 가까이 다가가도록 하기 위해서라도 지도안을 최대한 간소하게 만들 필요가 있다. 1쪽 이내에 수업 주제, 교사의 의도, 주요 활동 정도만 간략히 제시하고, 필요하다면 학생들의 자리 배치 정도가 포함되도록 한다. 최소한의 내용만 담긴 지도안과, 지도안을 내려놓는 수업 보기 태도가 수업 협의회를 풍부하게 하고 수업 교사와 참관자의 성찰의 깊이를 더하는 데 도움이 될 것이다.

## 꼭 훌륭한 수업이어야 하는가?

'공개수업이 꼭 훌륭한 수업이어야 하는가?'라는 질문은 과연 훌륭한 수업이 어떤 수업을 의미하는지에 따라 의견이 달라질 수 있다. 공개수업을 꺼려하는 큰 이유 중 하나는 교사들이 훌륭한 수업을 보여 주어야 한다는 부담감을 갖기 때문이다. 물론 수업을 개선을 위한 공개수업을 성의 있게 연구하고 준비하는 것은 당연하다. 하지만, 건강을 위해서 특별한 날 잔치상이 아니라 매일 먹는 '집밥'이 중요하듯, 교사의 전문성도 화려한 공개수업이 아닌 일상의 수업을 통해 성장한다. 수업 공개 현장에서 일반적으로 볼 수 있는 다음과 같은 상황을 생각해 보자.

'아, 저거 좋네! 당장 우리 반 수업에서 한 번 써먹어 봐야겠어.'
'음… 이 수업에서는 특별한 것이 없는 것 같군.'

전자는 대체로 수업 장면에서 신선한 교수·학습 자료를 발견했거나 본인이 잘 모르는 유용한 교수·학습 전략을 만났을 때 나오는 반응이고, 후자는 둘 다 발견하지 못한 경우에 나오는 반응

일 것이다. 두 선생님의 관점에서 보면 훌륭한 수업이란 교사가 좋은 자료와 유용한 교수·학습 방법을 사용한 수업이라고 볼 수 있다. 여기에는 수업을 구성하고 있는 중요한 요소인 학생과 교사, 학생과 학생의 상호작용, 수업을 관통하고 있는 주요 질문, 전체적인 리듬, 템포 등과 같은 수업에서의 유기적 맥락이 간과되어 있다. 교사라면 누구나 경험하듯 참신한 자료를 도입해도 학생들의 지적 호기심과 연결되지 못하는 경우도 많고, 최신의 교수·학습 방법을 사용하더라도 의미 있는 배움이 일어나지 않는 수업은 얼마든지 있다.

교사가 '학생의 배움'을 중심에 둔 수업을 설계한다면 '어떻게 가르칠 것인가?' 보다 '왜 가르치느냐?'와 '무엇을 가르칠 것인가?'를 먼저 고려해야 한다. 가르치고자 하는 교과 지식이 학생들의 삶에 어떤 의미를 갖는지, 배움의 초점이 무엇인지를 먼저 고민해야만 수업의 방향이 제대로 잡힌다. 수업에서 다루는 주제와 흐름이 뚜렷하지 않으면 아무리 재미있는 활동을 엮어 내더라도 수업을 통해 학생들이 진지하게 사고하고 협력하며 의미 있는 경험을 얻기 어렵다. 화려한 자료나 재미있는 수업 아이디어는 수업을 보는 사람을 즐겁게 해 줄지는 모르나 배움의 주체인 학생들의 지적 흥미와는 별개일 수 있다.

'수업 하기'를 변화시키기 위한 공개수업이라면 참관자의 '수업 보기' 관점부터 바꾸어야 한다. 수업에서 교사와 학생의 표면적 대화뿐 아니라 표정과 눈빛을 포함한 관계 맺음을 볼 수 있어야 하며, 보이는 자료를 넘어 교과 지식을 관통하는 질문과 배움의 열의를 볼 수 있어야 한다. 참관자가 각자 나름의 수업에 대한 관점과 고민을 갖고 수업을 볼 때 반성적 수업 실천을 이끌어 내는 훌륭한 협의회가 만들어지며, 이것이 바로 훌륭한 수업을 만들어 내는 비결이 된다.

결국 훌륭한 수업이란 '학생들의 배움과 성장'에 대한 교사의 솔직한 고민이 담긴 모든 수업이라고 할 수 있다. 그렇다면 특별한 기술이나 자료를 덧대지 않은 일상의 수업도 충분히 훌륭한 수업이 될 수 있다. 꾸미지 않은 수업이라면 교사들은 어떤 수업에서건 자신과 비슷한 색깔을 띤 고민을 발견할 수 있고, 그것에 대한 수업 교사의 성찰 흔적을 알아챌 수 있기 때문이다. 우리는 치열한 토론이 있는 협의회에서 그것을 솔직하게 나누고 함께 풀어 가면 되는 것이다.


## 외부 수업 전문가, 꼭 필요한가?

수업 컨설턴트나 수업 코치는 개인 역량이 뛰어난 수업 전문가이다. 실제로 최근 수석교사를 통해 학교 현장에서 수업을 개선하고자 많은 노력이 이루어지고 있기도 하다. 하지만 개인의 역량에 의존하는 수업 협의회는 몇 가지 한계를 갖는다. 먼저, 이러한 전문가의 수는 제한되어 있으며, 설령 수석교사와 같은 전문가가 있는 학교라 하더라도 개개인의 역량의 차이가 있을 수밖에 없다. 오히려 동료 교사들로 구성된 전문적 학습공동체가 뛰어난 능력을 가지고 있는 외부의 수업 컨설턴트나 수업 코치를 뛰어넘을 수 있다. 각자 수업에서 다양한 임상경험과 지식을 가진 교사들이 집단지성의 힘을 발현한다면 충분히 수업에 대한 토론과 성찰이 깊어질 수 있다.

수업 전문가가 상주할 수 없는 학교 현장에는 각자 다양한 경험과 자원을 가진 동료 교사의 전문성을 활용할 수 있는 협의회 방식이 필요하다. 김현섭(2013)은 학교 차원에서 수업 코칭을 도입할 때 초기에는 전문가 코칭 방식을 취하고, 어느 정도 수업 코칭을 이해한 뒤에는 동료 코칭 방식으로 전환하는 것이 좋다고 하였다. 교사 한 사람 한 사람을 수업 전문가로 볼 때 수업 협의회에서 이루어지는 대화 과정을 수업 컨설팅과 집단 코칭의 과정으로 만들어 갈 수 있다.

학교 현장에서 힘써야 할 문제는 이러한 집단지성이 능동적이고 적극적으로 발현될 수 있도록 학교의 조직과 제도를 어떻게 구조화할지 모색하는 일이다. 또한 교사들은 전문적 학습공동체를 통해 함께 성장하기 위해서 서로가 동료에게 수업 멘토가 되어 줄 수 있어야 한다. 이것은 일상의 수업을 자연스럽게 개방하고 공유하며, 거기 담긴 자신의 수업 고민을 솔직하게 내놓을 수 있는 관계 형성이 바탕이 된다. 누구에게나 수업은 어려운 일이고, 때문에 날마다 고민해야 하는 일임을 공감하고 수업을 동료와 공유하는 문화로 만들어야 한다.

## 사전 수업 협의 vs 사후 수업 협의

　함께 수업을 관찰하고 연구하는 것은, 그것을 구체적인 사례로 하여 교사로서 누구나 마주하게 되는 문제를 함께 공유하고 해결 방안을 모색하기 위함이다.

　수업 공개 전 동료 교사와 함께 수업을 협의하고 연구하는 것은 좋은 수업을 만들기 위해 필요한 과정이다. 하지만 사공이 많으면 배가 산으로 간다는 말처럼, 수업의 세세한 활동과 흐름까지 너무 많은 것을 고려하다 보면 매끈하기만 하고 개성 없는 조약돌 같은 수업이 될 수 있다. 우리 집필자들이 100회가 넘는 공개수업과 협의회를 참관하면서 느낀 것은 교사 자체가 중요한 수업 교재이자 자료라는 점이다. 같은 주제를 가지고 어떤 교사는 연극으로 수업을 풀어 갈 수 있고 어떤 교사는 토론으로 수업을 풀어 갈 수도 있다. 이것은 더 낫고 모자람의 차이가 아니라 서로 다르기 때문에 나름의 색깔을 가진 훌륭한 수업이 될 수 있다는 의미이다. 디자이너가 자신만의 디자인을 통해 정체성을 표현하듯 교사들은 수업을 통해 각자의 정체성을 드러낸다.

　수업설계와 준비에 지나치게 시간과 에너지를 들이는 것은 결국 수업 공개에 대한 부담으로 연결되어 공개 수업을 꺼리게 만드는 요인이 된다. 〈수업을 중핵으로 한 배움과 돌봄의 학교공동체 형성에 관한 연구〉(손우정, 2009)에서는 수업 공개의 원리와 방법으로, '평소 수업 모습을 보여 줄 것'과 '사전 연구보다 수업 후 성찰에 충실하라'는 조언을 하고 있다. 동료와 함께하는 사전 수업 협의는 '왜 가르치는가?'와 '무엇을 가르칠 것인가?'에 초점을 맞추어 교육 과정을 파악하고 수업의 핵심 교재와 질문을 선정하는 정도로 하는 것이 좋다. 그것을 바탕으로 수업의 실행 단계에서 교사 각자의 개성을 살려 창의적으로 수업을 펼쳐야 수업 속에 교사의 색깔과 고민이 자연스럽게 담길 수 있다.

[그림 3] 수업 준비/공개와 수업 협의회의 무게 중심 이동

그에 반해 수업 공개 후에 하는 협의회는 수업을 매개로 교사들의 집단지성이 발현되어 서로에게 배우는 공간이 되어야 한다. 또한 각자의 관점으로 수업 속에서 찾은 주제를 놓고 토론을 통해 공동으로 문제를 해결해 나가는 자리가 되어야 한다. 여기서 문제란 수업 교사만의 것이 아니라 참관 교사를 포함한 교사들이 갖고 있는 공통의 수업 고민을 의미한다. 먼저 교사 각자의 색깔이 자연스럽게 담긴 일상 수업의 공개가 그 시작이 될 수 있다. 수업 공개를 부담스럽게 하는 사전 수업설계와 준비를 위한 협의회의 힘을 빼면 수업 후 협의회가 더욱 풍성해질 수 있음을 기억하자.

# 3장. 함께 성장하기 위한 수업 협의회

## 수업 공개 + 협의회 = 함께 성장하는 수업 나눔

수업을 공개하는 것만으로 수업이 변화하기는 어렵다. 교사들이 수업에 대해 자신감을 갖지 못하는 것은 다른 사람의 수업을 많이 보지 못한 까닭이기도 하지만 평소 자신의 수업을 성찰하지 않기 때문이다.

핀란드 교사들은 다른 어떤 선진국 교사들보다 매주 교실에서 수업하는 시간이 적다고 한다. 그 대신 자신이 하는 일, 즉 수업에 대해 탐구하는 시간을 충분히 갖고 있다고 한다.[1] 그 반면에 우리나라 교사들은 어떤가? 학교에 머무르는 대부분의 시간을 가르치는 일과 학급운영, 행정적 업무에 사용한다. 이것은 교사들이 자신의 전문 분야인 가르치는 일에 관해 반성하고 가다듬을 시간이 없다는 것을 의미한다. 연구는 없고 실행만 있는 기술이 발전할 수 있겠는가? 마찬

---

1. 앤디 하그리브스 · 마이클 폴란(2014), 《교직과 교사의 전문적 자본》, 진동섭 옮김(2014), 교육과학사

가지로 실천한 수업에 대해 되돌아보고 성찰할 수 있는 시간이 없다면 교사는 수업 전문가로서 성장하지 못한다.

요즘은 수업 공개나 협의회 대신 '좋은교사 수업코칭연구소'에서 제안한 '수업 나눔'이라는 용어를 많이 사용한다. '수업 나눔'은 평가받는 느낌의 딱딱한 수업 협의회와 달리, 친구와 수다를 떨듯이 편안하게 동료 교사와 수업에 대해 이야기를 나누는 분위기를 떠올리게 한다. 수업 친구와 함께하는 수업 나눔의 장점은 수업을 일상적으로 반성하며 성찰할 수 있다는 점이다. 수업 친구와 일상적으로 서로의 수업에 대해 이야기 나누는 것이 익숙해진다면 이미 성공적인 수업 공유가 이루어지고 있는 셈이다.

'배움의 공동체' 수업 협의회나 '동료 수업 코칭'은 '수업 친구'와 하는 수업 나눔을 보다 구조화한 비평적 수업 보기 방식이라고 볼 수 있다. 이것 역시 수업을 교사 개인의 영역에서 끄집어내어 공유하는 분위기가 확산되는 것과 맥을 같이한다. 수업을 공유화하여 함께 성장할 수 있는 최적의 방법이 수평적 관계 속에서 상호 피드백해 줄 수 있는 학습공동체 활동이기 때문이다.

각자 책을 읽고 여러 사람과 함께 독서 토론을 하면 훨씬 깊이 있게 내용을 이해하고 음미할 수 있다. 마찬가지로 함께 수업을 보고 이어 동료들과 나누는 협의회는 수업 성찰의 중요한 열쇠가 된다. 수업을 공개가 아니라 나눔의 관점에서 본다면, 공유화된 수업을 토대로 각자의 수업 고민을 나누고 진지하게 대화하는 구조화된 협의회는 반드시 필요한 수순이다.

## 관찰과 해석을 통한 수업 보기

수업의 단면들을 면밀히 관찰하는 것은 밀도 있는 협의회를 위한 중요한 기초 작업이다. 우리가 보는 한 차시 수업에는 20명이 넘는 아이들과 교사가 있다. 교실, 책걸상, 교과서, 칠판, 공책, TV 등 여러 가지 교구, 교재도 있다. 아이들과 교사, 아이들과 아이들의 만남, 시선, 질문과 대화, 소리와 움직임, 활동이 있다. 교사의 감정과 생각, 아이들의 감정과 생각이 얽히고설켜 있다. 멈춤도 있고 진행도 있으며, 알레그로의 소란스러움과 아다지오의 소강 상태가 넘나든다. 이 모든 것이 참관자의 관찰 대상이다.

이처럼 다양하고 많은 정보가 가득한 수업을 제대로 보고 협의회에서 풀어내기란 쉽지 않다. 기억에 의존하는 대화는 객관성과 방향성을 잃기 쉽다. 따라서 수업을 보며 관찰한 사실을 실시간으로 기록하는 것은 협의회를 위한 중요한 토대가 된다. 협의회에서 각자 기록한 사실을 바탕으로 대화를 나누다 보면 서로의 정보가 조합되어 수업을 유기적으로 이해할 수 있게 된다. 예를 들어 참관자가 각자 관찰한 다음과 같은 기록이 있다고 가정하자.

'2모둠의 OO이 활동에 참여하지 않고 혼자 공책에 그림을 그리고 있었다.'
'2모둠 아이들이 학습지가 작아서 같이 볼 수 없다고 다투는 것을 보았는데 OO이가 그때 엎드렸다.'

위에 기록된 2가지 사실을 바탕으로 협의회에서 서로 대화하다 보면 각각의 사실들이 조합되어 다음과 같은 의미 있는 해석이 이루어질 수 있다.

"학습지의 크기가 작아 모둠 토의하기에 어려움이 있었다. 그래서 활동이 더 오래 걸렸던 것 같다."

교내 학습공동체에서 서로의 수업을 보기 위한 시공간적 제약이 많은 학교 현장의 여건상, 일상적 수업 나눔을 위해 수업을 비디오로 촬영하여 함께 보고 협의하는 방식이 최근 들어 널리 활용되고 있다. 영상을 보고 동료와 함께하는 수업 협의회는 상시적 수업 공개가 가능하도록 하여 실천적 수업 연구를 활성화시키는 장점이 있다. 하지만 영상의 특성상 화면에 담기지 않은 공간이나 아이들의 공책 기록, 모둠 대화 같은 세밀한 장면을 놓칠 수 있다는 현실적 제약이 따른다. 따라서 영상을 활용한 수업 협의회에서 참관자는 동료들의 다양한 관찰 정보를 더욱 적극적으로 공유해 수업에 대한 입체적 해석이 가능하도록 노력할 필요가 있다.

1학년이 수업하는 영상을 보고 어느 참관자가 다음과 같은 사실을 관찰했다고 생각해 보자.

'선생님이 지우개를 가지고 다니면서 공책에 잘못 쓴 아이들의 글자를 지워 주는 장면이 여러 번 있었다.'

이것은 어쩌면 다른 참관자들은 간과한 수업의 작은 부분일 수도 있다. 하지만 이러한 사실을 학습 공동체의 대화를 통해 다루게 되면 그것은 의미 있는 정보가 된다. '교사가 학생들이 공책에 쓴 글자를 지워 준 행동'이라는 사실은 동일하지만 이에 대한 해석은 입장에 따라 다양할 수 있기 때문이다. '지우는 것이 서툰 저학년 아이들을 배려하는 태도'라고 해석할 수도 있고, '수업을 원활하게 진행하기 위해 아이들이 해야 할 일을 대신해 준 것'이라고 해석할 수도 있다. 참관자들은 각자 해석한 내용을 바탕으로 '1학년 학생의 발달단계에 맞는 공책 쓰기 지도 방법'에 대한 정보를 나눌 수도 있고, '1학년 학생을 다루는 데 필요한 교사의 태도'에 대해 토론할 수도 있다. 어떠한 경우든 관찰한 사실이 협의회를 풍부하게 하는 소재가 된다는 점은 분명하다. 여기서 주의할 것은 수업 교사가 아이들의 공책을 지워 준 행동이 옳은지 그른지를 논의할 필요는 없다는 점이다.

여러 명의 동료와 함께 수업을 보는 것은 수업에 담긴 정보들을 유기적으로 연결해 나가는 과정이다. 동료들은 수업 교사와 학습자의 행위와 관계에 담긴 의미를 무리하게 해석하고 판단하지 않고 객관적인 시선으로 읽어줄 뿐임을 기억할 필요가 있다.

그렇다면 이러한 관찰과 해석은 수업 교사에게 어떤 의미가 있을까? 수업 교사는 가만히 동료들의 이야기를 듣고 있는 것만으로도 자신의 수업을 보다 깊이 있게 해석하고 그 속에 담긴 의미를 이해할 수 있게 된다. 물론 영상을 통해 자신의 수업을 다시 보는 것만으로도 수업 중 인지하지 못한 많은 정보를 얻을 뿐 아니라 수업을 이해하는 데 도움이 된다. 하지만 이는 어디까지나 수업 교사의 주관적인 수업 해석과 이해라는 한계를 지닌다. 보다 깊은 반성적 성찰을 위해서는 수업에 대한 동료들의 객관적 시선을 통해 수업의 다양한 측면을 새롭게 인식할 수 있는 계기가 필요하다. 수업 교사는 동료들이 각자 관찰한 것을 바탕으로 한 해석적 대화를 들으면서 자신의 의식적 혹은 무의식적 교수 행위가 갖는 의미를 점검해 볼 수 있다. 이를테면 '학생의 공책을 대신 지워 주는 행동'이 그 수업에서 꼭 필요했는지, 왜 그러한 행동을 했는지, 그 행동이 아이들에게 어떤 영향을 미쳤는지 등을 생각해 봄으로써 추후 수업에서 실천적 반성이 일어나게 되는 것이다.

## 수업을 '통해' 함께 이야기하다

수업 영상을 보는 40분 동안 수업 교사는 수업 밖에서 수업 속 자신과 아이들을 바라보는 불편한 경험을 하게 된다. 처음 자신의 수업을 찍은 교사 중 상당수가 자신의 수업 영상을 볼 용기가 나지 않아 망설였다는 고백을 할 만큼 이 과정은 적잖은 괴로움과 곤혹스러움을 동반한다. 그만큼 수업 속 자신의 모습과 직면하는 것은 그 자체로도 교사를 예민하고 긴장하게 만든다. 이런 상황에서 참관자들이 수업 교사의 말투나 태도, 교수 방식, 수업

설계, 학생들과의 상호작용 등 수업 자체에 대해 분석하고 판단하기 시작하면 수업 교사는 곧바로 방어기제를 작동시킬 수밖에 없다. 아무리 관찰한 사실이나 조심스런 해석을 내놓는다고 해도 공개된 수업의 요소 하나하나에 대해서 이야기하는 것은 계속적으로 수업 교사에게 답변과 해결책을 내어야 하는 부담을 지운다. 평소 수업과 다른 특수한 상황에 대해서까지 설명하고 변명하기도 한다. 이러한 소모적 협의회를 경험한 교사들은 너나없이 수업 공개를 기피하게 된다. 더러 공개된 수업은 교사의 고민과 시도는 꼭꼭 싸매어 감춘 채, 안전하고 무난한 활동과 자료로 매끄럽게 다듬어진 '보여 주기식 수업'이 되고 만다. 이처럼 무턱대고 '수업에 대해' 이야기하는 협의회 방식은 교사의 수업 전문성 신장에도, 동료성 형성에도 도움이 되지 않는다.

공격과 방어로 점철된 토론은 집단지성의 발현을 저해하고 함께 성찰하는 분위기를 망친다. 바람직한 토론을 위해서는 수업 교사와 참관자 모두 해당 수업에서 한 발짝 빠져나와 보다 객관적으로 수업을 바라볼 수 있는 위치에 서야 한다. 이것이 '수업에 대해서'가 아니라 '수업을 통해' 이야기해야 하는 중요한 이유이다.

수업을 통해 이야기한다고 하면 '해당 수업의 문제는 비껴 가는 것이 아닌가?', '수업 교사의 고민은 어떻게 다루는가?' 하는 의문이 들 수 있다. 수업을 통해 이야기한다는 것은 수업 교사와 참관자들이 질의응답 하듯 한쪽 방향으로 집중된 소통이 아니라, 모든 참관자가 전체적으로 활발히 소통하는 것을 의미한다. 여기서 수업 교사는 참관자들과 마찬가지로 자신의 수업 고민을 협의회의 토론 주제로 제안하는 것으로 참여할 수 있다.

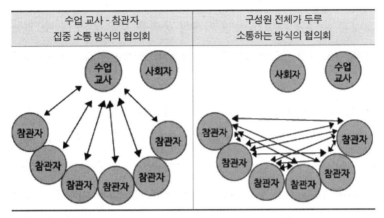

[그림 1] 협의회에서 소통하는 방식 비교

위의 오른쪽 그림처럼 참관자들 간 활발하고 자유롭게 소통하는 협의회 방식은 수업 교사의 부담을 덜고 참관자들의 참여를 증진한다. 그러한 평화로운 분위기 속에서 수업 교사와 참관자들의 고민이 맞닿은 지점을 공통 주제로 추출해 내어 치열한 토론이 일어나도록 협의회를 구조화해야 한다.

물론 특정 권위나 수직적 관계가 배제되었다고 해서 자연스럽게 수업을 주제로 활발한 토론이 벌어지는 것은 아니다. 토론이란 해당 주제가 자신의 문제로 인식되었을 때 비로소 적극적으로 참여하게 되는 대화 방식이다. 야구 경기를 볼 때 확실히 지지하는 팀이 있으면 열렬하게 응원을 하게 되듯, 평소 자신의 수업 고민과 관련된 주제가 있을 때 적극적으로 토론에 참여하게 된다.

따라서 협의회가 활성화되려면 참관자들이 공개된 수업에서 자신과의 연결점, 즉 자신의 수업 고민을 찾아내는 것이 중요하다. 그것은 수업을 평가가 아닌 이해의 목적을 갖고 깊이 볼 수 있는 눈을 가져야만 가능한 일이다. 비평적 관점으로 수업을 볼 때 가장 큰 장점은 수업 현상이 갖는 나름의 의미와 가치를 찾아 주는 것이다. '수업에서 학생이 교사의 질문에 엉뚱한 답을 하였다'는 사실을 발견했다면 '교사의 질문에 대해 학생이 엉뚱한 반응을 하는 까닭은 무엇일까?'나 '수업에서 나온 학생의 엉뚱한 반응을 어떻게 다룰 수 있을까?'와 같은 토론 주제로 심화시킬 수 있다. 이렇게 긍정적 안목으로 찾아낸 이야깃거리를 바탕으로 대화하는 과정을 통해 수업 교사는 수업 교사대로, 참관자들은 참관자들대로 질문에 대한 답을 찾아갈 수 있다. 이것이 수업을 성장시키는 성찰 과정이다.

수업은 구성원들이 서로 전문성을 존중하고 각자 성찰을 바탕으로 계속해서 도전하는 협의회를 통해 바뀔 수 있다. 이를 위해서는 수업 교사와 참관 교사 모두 협력하고 상생하는 관계를 맺을 수 있는 호혜적인 수업 협의회 방식이 필요하다.


## 전문적 학습공동체로 거듭나다

혼자서도 수업을 연찬할 수 있다. 하지만 공동체의 힘은 매우 강력하다. 가르침이 아닌 배움이 수업의 핵심이 되는 시대이기에, 교사도 함께 배우는 주체로서의 경험을 할 수 있는 동료와의 연대는 매우 중요한 과업이다.

전문적 학습공동체(professional learning community)란 용어를 창시한 셜리 호드(Shirley Hord)는 전문적 학습공동체란 '교사들이 자신들에게 중요한 영역에서 실행을 향상시키는 방법을 함께 탐구하고, 그들이 학습한 것을 구현하기 위해 실천하는 곳'을 의미한다고 하였다. 즉 교사의 전문적 학습공동체는 수업을 향상시키기 위한 탐구와 실천 공동체가 되어야 한다는 것이다.

주어진 책무성만으로도 정신없이 바쁜 학교 현장에서 지속적인 탐구와 실천이 이루어지기 위해서는 교사의 자발적이고 능동적인 자세가 필수적이다. 앤디 하그리브스(2009)는 《제4의 길》에서 교사의 전문가 의식을 높이 끌어 올리는 핵심 요소 중 하나로 '능동적인 학습공동체'를 꼽았다. 그는 단순한 협력 단체가 아닌 보다 능동적인 학습공동체는 다음과 같은 일에 헌신한다고 하였다.

- 결과를 책임질 수 있는 교육으로의 변화.
- 서로를 가치 있게 여기며, 서로 아끼고 존중하고 도전하는 관계를 형성하는 일.
- 정량적인 증거와 경험을 공유하며 교수·학습의 여러 쟁점을 탐구하고 개선 방법에 대한 의사결정을 내리는 일.

교사는 주어진 책무성이 아니라 자발적 책임감을 통해 전문가로 거듭난다. 이미 한 수업은 되돌릴 수 없다. 그래서 때때로 우리는 망친 수업 때문에 상심해한다. 하지만 거기에서 머문다면 수업은 바뀌지 않는다. 우리에겐 수업을 되돌아볼 수 있는 용기와, '책임감 있게' 함께 수업을 보아 줄 동료가 필요하다. 책임감 있게 수업을 본다는 것은 제3자의 시선으로 참관하는 것에 그치지 않는 것을 의미한다. 수업 교사의 입장 혹은 학생의 입장에서 수업에서 일어나는 각종 행위와 현상을 바라보려고 노력해야 한다. 이것은 평소 함께 수업을 하고 서로의 수업 고민에 대해 이야기를 나누는 동료이기 때문에 가능한 일이기도 하다.

도전에는 실패가 따른다. 수업이 바뀌려면 성공한 사례뿐 아니라 실패한 사례도 공동체에서 나누어야 한다. 서로 존중하는 공동체에서는 수평적 관계 안에서 서로의 실천과 실수를 나누며 배운다. 그를 통해 각자의 수업에서 발생할 오류를 줄이고 더 나은 실천을 모색할 수 있다. 다양하고 생생한 수업 실천을 나누고 수업에 대해 함께 고민하고 연구하는 공동체가 되기 위해서는 일상의 수업을 직접 보는 것이 가장 효과적인 방법이지만 현장에서는 쉽지 않은 일이다. 그 대신 수업 영상을 보고 그것을 중심으로 다양한 논점을 형성하여 깊이 있게 토론하는 것도 효과적인 수업연구 방법이다. 단 협의회를 위한 수업 영상은 교사 중심이 아닌 학생의 모습과 전체적인 수업의 분위기가 담길 수 있도록 입체적으로 촬영된 것이어야 한다.

# 수업 협의회, 수업을 뛰어넘다

수업 협의회 문화가 바뀌면 수업이 바뀐다. 10명의 관찰자는 10가지 시선으로 수업을 본다. 누군가 스쳐 보낸 장면이 다른 누군가에게 포착되기도 하고, 같은 장면이라도 다른 시각으로 바라보기도 한다. 수업 협의회를 하는 궁극적 목적은 수업을 더 잘하기 위한 것이다. 그것은 수업 교사나 참관자 모두 마찬가지다. 그런데 기존의 수업 협의회에서는 수업 교사의 수업 능력 향상이라는 목적에 몰두한 나머지 한 차시 수업에 담긴 수업 교사의 행위에 대해 지나치게 많은 판단과 결론을 내리려는 경향이 있었다. 이 과정에서 수업 교사는 상처받고 참관자는 부담을 느끼면서 협의회는 형식적이고 표면적인 대화의 장으로 흘러가고, 결국 협의회를 통한 수업 개선은 요원해지는 악순환이 거듭되었다.

수업을 잘하고 싶은 교사라면 누구나 일상 수업에서 고민거리를 가지고 있을 것이다. 학교 내 전문적 학습 공동체는 동료와 함께 서로 일상 수업을 나누고 진솔한 고민과 질문을 나눌 수 있는 곳이다. 지금 내가 하고 있는 고민을 다른 교사도 같이 하고 있는 것을 알게 되어 위로받기도 하고, 서로의 경험과 지식을 풍부하게 나누고 궁리하는 가운데 고민이 해결되기도 한다. 그 반면에 뜻하지 않은 새로운 고민이 생기기도 하는데 이것은 자신의 수업 성찰이 한 단계 나아갔음을 의미한다. 실제로 토론 주제를 놓고 함께 성찰하는 협의회를 경험한 많은 교사가 이렇게 고백한다.

"이렇게 깊이 있고 다양한 수업 질문이 나온다는 것이 놀랍다."

"수업을 이런 방식으로 바라보고 이야기 나눌 수 있다는 것이 신선한 경험이었다."

수준 있고 진지한 협의회가 이루어지기 위해서는 참가하는 교사들의 평소 수업에 대한 치열한 고민과 성찰이 전제되어야 한다. 아무리 유명한 문화재라도 아는 만큼 보이고 감상할 수 있듯이, 수업을 보는 눈도 마찬가지이다. 평소 수업에 대한 고민하고 성찰하고 있는 깊이만큼 수업 속 장면이 유의미하게 보인다. 협의회에서도 자신의 고민지점과 맞닿은 주제에 관심이 쏠리게 마련이다. 하지만 수업에 대해 식견이 부족하거나 말주변이 없다는 이유로 자신의 이야기는 꺼내 놓지 않고 다른 사람의 이야기만 듣고 가는 것은 결국 스스로를 협의회에서 소외시키는 일이다. 비워야 채울 수 있다. 어떤 모양이든 자신의 고민이 공론화되는 순간 비로소 치열한 사고와 논쟁의 불씨가 지펴지고, 그것이 이후의 수업에 대한 더 깊은 성찰과 연구의 밑거름이 된다.

'우리'는 '나'보다 똑똑하다. '따뜻하고 똑똑한 공동체' 안에서 교사는 자연스럽게 성장의 길로 나아갈 수 있음을 기억하자.

# 2부

수업 비담 – **수업 고민**
**비우고 담다**

# 1장. 수업 비담 이해하기

　예전에 비해 점점 TV 속 각종 프로그램에 패널로 출연하는 사람들의 전문 분야도 다양해지고 그 수도 많아지고 있다. 이는 무엇을 의미하는가? 우리가 살고 있는 이 시대는 더 이상 특정 전문가의 지식에 의존하기를 거부한다. 사람들은 수많은 SNS를 통해 실시간으로 개인이 가진 자원과 역량을 네트워크로 공유함으로써 각자 필요한 정보를 얻고 문제를 해결해 나간다.

　이러한 자율성과 다양성 중심의 지식 분권화 흐름이 수업과 수업 협의회에서도 드러나고 있다. 수업에서 교사는 더 이상 1인 체제 속 지식 전달자가 아니며, 학생 또한 지식을 전수받는 대상에 머물지 않는다. 최근 강조되고 있는 '배움'이 있는 수업은 교사와 학생이 서로 토론하고 협력하며 지식과 담론의 생산에 주체적으로 참여하는 과정을 중요하게 여긴다. 그렇다면 '배움'이 있는 수업은 어떻게 만들어질까? 최근 각종 교사 연수에서 시도하고 있는 교육과정 재구성과 새로운 교수·학습 방법을 적용하면 수업 혁신이 이루어질까? 이미 수업과 업무에 지친 교사들을 더욱 피곤하게 만들 뿐인 하향식 개혁의 실패는 어제오늘의 일이 아니다.

　이미 학교 현장에서 수업 협의회는 공개수업 후 뒤따르는 하나의 문화로 형성되어 있다. 그동안 우리가 보고 경험해 왔던 '수업 보기' 방식이 우리의 수업을 규정하는 주요한 잣대가 되어 온 것이 사실이다. 교사의 전문성을 향상시킨다는 목적으로 실시해 온 각종 대회와 평가는 이미 교사들의 수업을 그 잣대에 맞춰 정형화된 틀로 바꾸어 놓았다. '좋은 수업'의 정형화된 문법을 따르고 있지만 맥락을 잃어버린 '보여 주기식' 수업 공개와 이에 따른 형식적 협의회 문화는 고립적이고 폐쇄적인 현장의 수업 개방 문화와 맞닿아 있다고 볼 수 있다. 이와 관련하여 앤디 하그리브스(2015)는 전문적 문화와 공동체의 관계에 관한 연구에서 문화를 변화시키는 열쇠는 '사람들이 믿는 것'과 '그것을 믿는 사람들 간의 연결'을 개방하는 것이라고 하였다.

　불과 몇 년 사이 '수업 공개'나 '수업 협의회' 대신 보다 자발적이고 협력적인 의미를 담고 있는 '수업 나눔'이라는 용어가 익숙해지기 시작했다. 이것은 교사 공동체를 통한 자발적 '수업 보기' 문화가 수업 혁신의 물결을 주도해 가고 있음을 의미한다. 현장에서 시작된 수업 나눔 운동은 수평적 관계의 따뜻한 동료성을 바탕으로 한 솔직하고 자유로운 소통의 문화 위에 싹트고 있다. 이를 바탕으로 자발적으로 조직된 교사 공동체는 기존의 정형화된 '좋은 수업'의 허울을 벗고 솔직한 내면을 드러낸 수업을 공유하고자 노력하고 있다.

이 책에서 제안하는 '수업 보기' 방식은 기존 '수업 보기' 방식에서 걸림돌이 되었던 '수직적 관계', '획일성', '강제성', '심사적 시선' 등을 배제하고자 수년간 시행착오를 거치며 다듬은 전문적 학습공동체의 결과물이다. 우리는 이것을 '수업 교사의 고민이 담긴 수업'을 통해 '각자의 수업 고민을 비우고 담는 협의회'(이하 '수업 비담')로 만들었다. '수업 비담'은 교사 각자의 전문성을 바탕으로 자신이 가진 경험과 자원을 동료들과 공유하고 성찰하는 호혜적 협의회를 추구한다. 이를 위해 학교 동료들과 일상 수업의 민낯을 솔직하게 보여 주고 서로의 수업 고민을 터놓고 나눌 수 있는 협력과 신뢰의 관계 구축을 제안한다. 이것은 교사들의 자발적이고 능동적인 참여로 이루어진 전문적 학습공동체를 통해 가능하고 유지될 수 있다.

## 수업 비담의 뜻

'각자의 수업 고민을 비우고 담는 협의회'라는 말 그대로 수업 비담은 수업 공개와 협의회를 통해 자신의 수업 고민을 동료 교사와 함께 해결하는 동시에, 한 단계 더 성장한 새로운 고민을 담게 되는 과정을 의미한다.

수업 비담은 공개수업과 수업 협의회가 함께 연결되어 이루어지는 과정으로 120분간 진행된다. 이때 공개수업은 꾸미지 않은 일상 수업일 것을 권장하며, 직접 참관이 어려운 경우가 많으므로 동영상으로 수업을 촬영할 수 있다. 촬영을 할 때 카메라는 창문을 등지고 교실 옆쪽에 위치하여 교실 전체 모습 3분의 1, 교사 활동 모습 3분의 1, 학생 활동 모습 3분의 1 분량으로 촬영하면 좋다.

수업 협의회는 80분간 진행되며 단계별로 정해진 시간을 지키되, 참가자 모두가 동등하게 참여할 수 있도록 진행하는 것이 중요하다.

우리 집필자들은 수년간 수업연구회 활동을 하면서 수업을 바꾸기 위한 다양한 시도들을 해 왔다. 그러면서 '새로운 수업하기'가 '새로운 수업 보기'와 매우 밀접한 연관성을 가지고 있음을 발견했다. 수업의 다양한 의미를 읽어 내는 눈을 가져야만 기존의 수업이 갖고 있는 틀에서 벗어난 새로운 수업 실천이 가능하기 때문이다.

'새로운 눈으로 수업 보기'는 여러 교육 이론을 섭렵하고 다양한 수업 경험을 가진 현장 실천가인 교사들이 집단지성을 발현할 수 있게 만들어야 한다. 그래서 우리 집필자들은 여러 방식의 수업 협의회 경험을 바탕으로 새로운 수업 보기의 형태인 '수업 비담'을 만들게 되었다.

"이런 수업 협의회라면 다음에는 제 수업을 공개하고 싶어요."

　수업 비담을 마치고 난 참가자가 한 말이다. 수업 공개는 교사들에게 여전히 큰 숙제이다. 그래서 보통 신규 교사에게 그 숙제를 떠맡기는 경우가 많다. 지금까지 수업 공개는 '장기 기증'이라는 우스갯말로도 비유될 정도로 교사에게 큰 부담이 된 것이 사실이다. 수업이 사적 활동이 아닌 공적 활동임에도 여전히 교실문을 열고 수업을 여는 것은 1년에 한두 번 있는 행사로 접대식 공개수업의 형식을 담보하고 있기도 하다. 수업 비담은 수업 교사의 공개 부담을 덜고 일상 수업에 참가자들의 이야기를 끌어내어 수업을 공개적으로 나누는 자리로 만들 수 있다. 수업 교사는 자신의 수업을 재료로 한 참관자들의 협의 과정을 지켜보면서 자신의 수업을 객관적으로 바라보게 되고 스스로 성찰하게 되는 경험을 하게 된다.

"OO선생님은 평소 수업도 잘하시는 것 같고 저 정도 경력이면 수업에 대해 정답을 아시고 계실 거라 생각했어요. 그런데 이야기를 하다 보니 OO선생님도 저와 똑같은 고민을 하고 계시는 것을 보고 나만 어려운 게 아니었구나 싶어서 위로가 되었어요. 그래서 이제 저도 주저하지 않고 모르는 게 있으면 물을 수 있을 거 같아요."

수업 비담을 통해 혼자가 아닌, '함께'라는 동료성을 느끼게 되었다는 말이다. 수업 비담에 참가한 교사들은 협의회를 통해 모든 정답을 찾은 것은 아니지만 나뿐 아니라 다른 선생님들도 나와 같은 고민을 하고 있음을 알게 된다. 그래서 부끄러워하지 않고 수업에 대한 고민을 털어놓을 수 있게 되는 것이다. 함께하는 고민은 외롭지 않고 서로에게 힘이 될 수 있다. 마음을 터놓고 선배 교사에게도, 후배 교사에게도 배울 수 있게 되는 것이 수업 비담의 강점이다.

"수업을 보면서 나 자신과 우리 반 아이들을 마주하는 느낌이었어요. 선생님들의 이야기를 듣다 보니 스스로 제 문제가 무엇인지 깨닫게 되었어요. 여러 선생님이 말씀하신 사례 중에서 제가 할 수 있는 것들을 찾아서 해 볼 수 있겠어요."

교사라는 인물로 대상화되어 심사를 받은 경험은 자존감을 떨어뜨리지만 이해되고 공감이 되는 경험은 자존감을 높인다. 수업을 통한 동료성 형성과 자존감 회복은 수업으로 되돌아가 더 좋은 수업으로 나아갈 것이다. 그리고 자연스럽게 자신의 내면을 바라보고 성찰하게 되는 수업 코칭의 단계로 발전하게 될 것이다.

수업 비담은 모든 교사는 수업을 통해 배울 수 있고 각자 전문성을 가지고 있음을 전제한다. 따라서 수업 평가나 컨설팅의 관점에서 권위 있는 한 사람이 독점적으로 말하는 것이 아니라 참가자들이 모두 수평적인 관계에서 발언하고 토의해야 한다. 각자의 시선으로 수업 보기를 하고 수업의 실천가로서 자신의 성공담과 실패담을 숨김없이 내놓아야 한다. 협의회 참가자들의 동료성이 좋다면 더 잘되겠지만 서로 지지하고 격려해 주는 과정을 통해 동료성이 더욱 단단해질 수도 있을 것이다.

개인적으로 뛰어난 교사들은 많다. 수업 비담은 그 개인의 전문성이 집단적 전문성이 되어 가는 과정이 될 수 있다. 수업에 대해 즐겁고 의미 있게 대화하는 수업 비담을 통해 수업에 대한 새로운 해석자로, 실천가로 거듭날 수 있을 것이다.

"수업 비담의 뜻이 무엇인지 참 궁금했는데 협의회를 마치고 나니 알 것 같아요. 제가 처음 고민했던 것이 풀리긴 했는데 또 한편으로 새로운 고민을 안고 돌아갑니다. 수업에 대한 고민은 끝이 없겠지만 선생님들과 함께하기에 다시 힘을 얻을 수 있을 것 같아요."


## 수업 비담 흐름

수업 비담은 수업 보기 40분과 수업 협의회 80분으로 진행된다. 수업 보기는 주로 동영상을 보는 경우가 많다. 수업을 직접 참관하는 것이 제일 좋겠지만 현실적으로 불가능한 경우가 많기 때문이다. 촬영 분량이 많더라도 수업 관찰은 40분 동안만 한다. 블록 수업일 경우라도 참관자들의 집중력을 위해 의미 있는 부분 중심으로 40분만 보는 것이 좋겠다. 너무 긴 시간 수업 관찰하는 데 시간을 보내면 협의회를 시작하기도 전에 지치기 때문이다. 협의회 80분이 처음에는 좀 긴 듯싶지만 여러 선생님의 의견을 듣고 각자 하고 싶은 말을 하다 보면 오히려 부족하다 싶을 때도 있다. 수업 보기와 수업 협의회 120분 전 과정을 지키기 위해서는 아래와 같은 흐름과 배정된 시간을 지키는 것이 좋겠다.

## 수업 교사 소개 및 수업 소개(5분)

사회자가 수업 교사를 간단하게 소개한다. 수업 교사는 수업의 주제, 수업 의도, 수업 흐름, 아이들의 특성 등 수업의 맥락을 간단하게 소개한다. 이 단계는 오늘 협의하게 될 수업에 대한 간단한 정보를 제공하기 위한 시간이다. 이때 수업 교사는 수업 외의 불필요한 정보(자기 방어)는 말하지 않도록 주의한다.

## 수업 동영상 보기(40분)

실제 수업을 촬영한 동영상을 본다. 참석자들은 참관록에 관찰 사실을 기록하면서 본다. 참관자들은 각자의 관점으로 수업을 보되, 가급적 판단은 보류하고 수업 속에 나타난 사실에 집중하여 기록하며 본다. 그 과정을 통해 현재 자신이 수업을 보는 관점, 수업에 대한 고민 지점을 만나게 될 것이다.

### 수업과 수업 교사의 장점 나누기(5분)

수업 보기가 끝나면 모든 참관자는 수업과 수업 교사의 장점을 한 문장으로 간략히 말한다. 이는 본격적인 수업 협의회에 들어가기 전 수업 교사와 참관자들의 긴장을 완화하고 긍정적인 분위기로 마음을 열고자 함이 그 목적이다.

### 수업에서 관찰한 사실 나누기 - 모둠 토의(20분)

각자가 기록한 사실을 바탕으로 참가자들이 함께 이야기한다. 내가 본 것과 나는 보지 못했지만 다른 사람이 관찰한 사실을 모아 보면 수업을 더욱 풍부하게 볼 수 있다. 각자의 관점에서 관찰한 사실을 나누고, 내가 보지 못한 새로운 사실을 발견해 가며 수업의 이해도를 높이고 수업을 입체적으로 해석하는 시간이 되도록 해야 한다. 또한 본 수업에 대한 집중도를 높이고 이야기를 보다 객관화시켜야 한다.

### 토의 주제 찾아 함께 말하기(40분)

본 수업에서 의미 있는 공동의 토의 주제를 만들고 다양한 해결 방법들을 함께 찾아가는 단계이다. 참가자들이 다양한 사례와 경험들을 내놓으며 각자의 실천적 전문성을 발휘하게 된다. 사회자는 전체 협의회의 흐름에 따라 연결 짓는 말을 하며 참가자들이 모두 발언할 수 있도록 유도한다.

이때 토의 주제는 '누가', '왜', '무엇', '어떻게'의 4가지 차원으로

구분하여 판서하고 기록한다. '**누가**'는 교사와 학생 이해, 교사·
학생 관계에 대하여, '**왜**'는 교육철학, 추구하는 수업 방향에 대하
여, '**무엇**'은 교육과정, 수업목표에 대하여, '**어떻게**'는 수업 방법,
기술, 구조에 대하여 고민해 보는 것이다. 대부분의 교사는 수업
을 볼 때 교수 행위를 중심으로 '어떻게(수업 방법, 기술)'를 먼저
본다. '어떻게'에서 시작된 이야기는 결국 '무엇', '왜', '누가'로 보
는 눈을 점차 넓혀 나가게 될 것이다.

[그림 1] 6학년 국어 수업 비담에서 나온 토의 주제들을 칠판에 적었다.

　　수업 비담은 수업을 평가하거나 수업 교사에게 컨설팅을 해 주
는 것이 목적이 아니다. 동료의 수업을 통해 각자 수업 고민을 나
누고, 해결 방법을 함께 모색하는 과정을 통해 결국 자기 성찰을

하는 것이 그 목적이다.

### 수업 나눔으로 내가 배운 것 나누기(10분)

오늘의 수업 협의 과정의 소감을 나누는 시간이다. 이번 수업 협의회를 통해 배운 점, 새롭게 깨달은 점을 중심으로 말하고 필요한 경우 수업 교사는 참관자들의 질문에 답할 수 있다.

## 수업 비담 약속

수업 비담의 원활한 진행을 위해서 참가자(참관자, 수업 교사, 사회자)들이 지켜야 할 몇 가지 규칙을 정해 보았다. 특히 사회자는 이 규칙들을 미리 알고 있어야 협의회를 원만하게 이끌어 나갈 수 있을 것이다. 규칙들은 원활한 소통을 위한 약속이기도 하지만 수업 성장이라는 본래의 목적에 충실하기 위한 기본 장치라고 할 수 있다.

모든 참가자가 전 과정에 거쳐 기억해야 할 중요한 규칙은 다음 2가지이다. 수업 협의회를 시작하기 전에 칠판에 써 놓고 함께 소리 내어 읽고 시작하면 좋다.

1. 모두 발언한다.
2. 한 사람이 2분 이상 말하지 않는다.

첫 번째 중요한 약속은 모두 한 마디 이상은 꼭 해야 한다는 것이다. 수업을 소재로 한 다양한 생각이 많을수록 더 좋은 협의회가 될 수 있다. 내 생각을 내놓아야 다른 사람의 생각에 관심이 생기고, 나누어야 배울 수 있다. 수업에는 왕도가 없기에 정답만 말하는 협의회의 부담에서 벗어나야 한다. 경력이 적든 많든 자기 생각에 갇히지 않고 서로 배우기 위해서는 말하기와 듣기의 활발한 상호작용이 있어야 할 것이다. 수업 비담은 수업을 매개로 참가자 모두의 수업 고민을 나누는 시간임을 꼭 기억하자.

두 번째 중요한 약속은 한 사람이 2분 이상 말하지 않는다는 것이다. 모두가 발언하되 한 사람이 길게 말하는 것은 금물이다. 한 사람이 2분 이상 말하면 듣는 사람은 지루해진다. 아무리 훌륭한 말도 3분이 넘어가면 외면받기 일쑤이다. 물론 말하기를 좋아하는 사람도 있고 듣기를 좋아하는 사람도 있다. 하지만 일방적인 말하기는 상대방의 마음을 닫게 한다. 우리는 수업 협의회가 평등한 대화의 자리가 되기를 바란다. 한 사람이 독점하는 협의회는 수업 장학이나 컨설팅의 시간이 되어 다른 사람을 들러리로 만들거나 소외시킨다. 듣는 상대를 배려하는 말하기는 먼저 시간을 고려하는 말하기여야 할 것이다.

### 참관 교사들의 약속

1. 관찰한 사실을 중심으로 기록하며 본다.
2. 수업 교사에게 직접 질문하지 않는다.

참관자들은 수업 교사에 대한 예의를 갖추고 성실하게 보고 들어야 한다. 이때 직접 수업을 관찰하거나 수업 영상을 보는데, 그냥 보는 것이 아니라 협의록 양식에 기록하면서 보도록 한다. 보이는 대로, 들리는 대로 부지런히 기록하면 수업의 맥락과 생각의 흐름을 놓치지 않을 수 있다. 먼저 쓰고 그다음에 말하기를 해야 한다. 장황하게 늘어놓는 말하기, 서론이 너무 길어서 정작 본론이 모호해지는 말하기, 질문하고 정답까지 다 말하기 등의 실수를 하지 않기 위해서는 수업에서 관찰한 사실을 중심으로 기록해야 한다. 중요한 내용을 미리 추출하여 기록을 근거로 말하기를 한다면 좀 더 명확한 말하기를 할 수 있다. 또 참관 수업에서 중요하게 다룰 만한 내용이나 평소 본인의 수업 고민을 담아 전체 토의 주제를 찾아낼 수 있을 것이다.

다음으로 중요한 것은 수업 교사에게는 되도록 질문하지 않는 것이다. 수업을 보면 이해가 되지 않는 부분이나 왜 그렇게 했는지 궁금한 점이 많이 생긴다. 당장 수업 교사에게 질문을 해서 그 답을 얻을 수도 있지만 학생들의 반응과 활동을 보면서 수업 교사의 의도를 짐작해 보는 것이 더 도움이 된다.

우리는 흔히 수업 교사에게 질문하고 그 대답을 얻고자 하지만 그 과정에서 수업 교사에게 상처를 주는 경우를 많이 보아 왔다. 질문과 대답이 발전적으로 나아가지 않고 지나친 공격과 방어로 이어져 소모적으로 흐르기도 한다. 교사의 손을 떠난 수업이 아이들에게 어떻게 전해지고 만들어져 가는지를 참관자 각자의 시선으로 성찰하고 토의하는 시간임을 잊지 않아야겠다.

### 수업 교사 약속

1. 말을 아끼고 듣기에 집중한다.
2. 협의회의 전 과정을 기록으로 남긴다.

수업 교사는 수업 영상을 보기 전 수업 계획안을 참가자들에게 나누어 주고, 그것을 바탕으로 수업 교사의 의도와 수업 흐름을 간단하게 소개한다. 수업을 직접 보지 못한 참가자들의 이해를 돕기 위해 아이들의 특성이나 수업 계획안에 나타나지 않는 상황적 맥락을 설명해도 좋다. 그러나 지나친 부연 설명으로 선입견을 주는 것은 좋지 않다. 너무 많은 정보는 객관적인 수업 관찰에 방해가 되기 때문에 수업 소개 역시 2~3분 정도 안에 끝내는 것이 좋다.

수업 동영상으로 자신의 수업을 집중해서 보는 것도 좋은 배움의 기회가 될 수 있다. 처음에는 온통 본인의 모습만 커다랗게 와닿을 것이다. 내 겉모습, 표정, 목소리가 괜찮은 경우보다는 실망스러울 가능성이 더 크다. 화면 속 내 모습에 어느 정도 익숙해졌다면 그다음으로 천천히 아이들이 보이기 시작할 것이다. 수업을 진행하느라 보지 못했던 아이들의 배우는 모습들을 구체적으로 또렷하게 관찰할 수 있을 것이다. 실제로 본인의 수업 모습을 촬영한 영상을 한 번도 본 적이 없다는 선생님도 많다. 물론 학교 현장에서 수업 촬영 장비를 갖추는 것도 어렵고 촬영을 부탁할 사람을 구하기가 쉽지 않은 이유도 크다. 그러나 자신의 모습을 보는 것이 어색하고 불편하고 자신의 단점과 실수를 직면하는 것은 용기가 필요한 일이지만, 그것이야말로 수업을 통해 성장하기 위한 첫 번째 도전이라고 할 수 있을 것이다.

본격적인 협의회 단계로 들어가면 수업 교사는 말을 아끼고 참관자들의 토의를 집중하여 듣는다. 이 과정이 처음에는 많이 답답할 것이다. 내 의도와 달리 수업이 이해되기도 하고 생각지도 않은 장면에서 참가자들이 집중하기도 한다. 토의에 참여하고 싶은 욕구도 생길 것이다. 그래도 잠시 내 생각을 내려놓고 참고 듣다 보면 내 수업과 나와의 사이에 점점 거리가 생기게 되고, 내가 의도한 것을 넘어 의식하지 않았던 새로운 면을 발견할 수 있다. 입을 다무는 순간 보이지 않던 것이 보이고 들리지 않던 것이 들리게 되는 경험을 하게 될 것이다.

수업 협의회 참가자들이 10명 이상이라면 '3단계: 수업에서 관찰한 사실 나누기'를 할 때 5명 내외의 모둠으로 나누어 모둠 협의를 하게 된다. 이런 경우 수업 교사는 모둠을 자유롭게 돌아다닐 수도 있고 관심 있는 어느 한 모둠의 이야기를 집중해서 들을 수도 있다. 협의회 도중 누군가 질문을 한다면 질문에 바로 답을 하기보다는 되돌려 물어 본다. 예를 들면 "선생님은 그렇게 보셨군요.", "그 부분에 대해 선생님은 어떻게 생각하십니까?"라고 질문을 던진다. 또는 사회자에게 질문을 넘길 수도 있다.

그 대신 참가자들이 토의 주제를 판서할 때 수업 교사도 본인의 고민 주제를 쓴다. 그러면 사회자가 수업 교사의 주제부터 먼저 다루어 주는 것이 약속이다. 전체 토의 시간에도 참가자들의 질문에 대한 답이나 자신의 주장을 말하는 것보다 참가자들의 다양한 해석을 들으면서 더 많이 배울 수 있고 자신의 수업을 더 성찰할 수 있다. 대부분의 경우 수업 교사의 고민과 참가자들의 고민이 맞닿아 있고, 서로 만나는 그 지점에서 토론이 활발하게 일어날 것이다.

협의회 과정에서 수업 교사가 해야 할 가장 중요한 일은 참가자들의 이야기를 차분히 들으면서 컴퓨터나 노트북으로 기록[1]하는 것이다. 녹음하거나 녹화해 두었다가 나중에 옮겨 쓸 수도 있지만 그 자리에서 바로 기록하는 것이 훨씬 더 좋다. 전사 과정이 배움의 과정이 될 수 있다는 말이다.

수업 교사가 말을 아끼고 듣기에만 집중하면 협의회에 참여하지 않는 것처럼 느껴질 수도 있다. 일반적인 수업 협의회는 참관자가 궁금한 점을 묻고 수업 교사가 자세한 설명을 하며 토의, 토론하는 경우가 많기 때문이다. 하지만 의도와 달리 질의와 응답을 주고받다 보면 공격과 방어의 형식이 되어 서로 불편한 자리가 되곤 했다. 수업 교사는 참관자의 질문을 수업에 대한 비판으로 받아들여 자기 수업을 옹호하거나 비하로 이어지는 경우가 많았다. 이렇듯 감정적으로 흘러가거나 논쟁이 지나치게 분석적,

---

1. 수업 동아리나 학교 수업 나눔에서 이런 방식으로 수업 성찰 기록을 남긴다면 그 자체로 살아 있는 **훌륭한 수업 성장 자료**가 될 것이다.

소모적으로 진행되는 협의회에서 참가자들의 성장과 성찰을 기대하기는 어렵다.

하지만 수업 교사가 귀를 열고 협의회 참가자들의 대화에 집중하여 일련의 기록을 마치고 나면 본인의 시각과 외부의 시각이 통합되어 스스로 수업을 더 깊이 바라보게 되는 경험을 하게 된다. 또한 내 수업의 문제점과 고민의 지점을 스스로 깨닫게 되어 그 해결 방안 또한 스스로 발견할 수도 있다.

듣기만 하던 수업 교사가 충분히 말할 수 있는 시간은 수업 비담 마지막 단계에 주어진다. 수업 나눔을 통해 내가 배운 것을 말하기 단계에서는 수업 교사 또한 동등한 참가자로서 협의회 자리에서 다른 사람을 통해 자신이 배운 것을 중심으로 말한다. 수업에 대한 구체적이고 개인적인 질문은 전체 협의회를 마치고 별도로 궁금한 분들과 나누는 것이 좋겠다.

### 협의회 전체 사회자의 역할

1. 참가자들의 말과 생각을 연결한다.
2. 시간 지킴이 역할을 한다.

수업 비담 전체 약속에서도 설명했듯이, 사회자의 가장 중요한 역할은 참가자들에게 균등한 발언 기회를 제공하는 일이다. 사회자는 진행에 필요한 말을 제외하고는 최소한으로 해야 한다. 사회자가 오히려 말을 많이 하거나 참관 교사의 말을 다시 정리하는 역할은 하지 않는 것이 좋다. 일반적인 사회자의 역할보다 좀 더 말을 줄이되 참가자들의 역량을 최대한 이끌어 낼 수 있게 해야 할 것이다. 수업을 협의하는 자리이니만큼 참가자들이 고루 참여할 수 있도록 하고 참가자들의 생각을 연결하는 것에 중점을 둔다.

전체 진행 순서를 생각하며 단계별 제시된 시간을 지킨다. 2분 이상 말하는 참가자에게 부드럽게 제한 시간을 알려 주고, 말할 기회를 놓치거나 소외된 사람이 있다면 자연스럽게 대화로 끌어들이는 역할을 해야 한다. 그러기 위해서라도 참가자들이 골고루 협의에 참여하는지 주의 깊게 살핀다. 내용에 지나치게 개입하는 것보다는 전체의 흐름을 놓치지 않도록 해야 한다. 한 번도 말을 하지 않은 사람이 있다면 기회를 제공한다.

단계별 소요 시간은 5분 이상 차이가 나지 않도록 한다. 특히 수업에서 관찰한 사실 나누기 단계에서 15분의 토의 시간이 지나면 토의 주제를 5분 내에 정리하여 판서할 수 있도록 안내한다.

'토의 주제 찾아 함께 말하기' 단계에서 사회자는 수업 교사가 쓴 주제부터 토의를 시작하도록 한다. 수업 교사의 고민이 충분히 다루어지고 나면 연결되는 다음 주제로 넘어간다. 토의 주제가 많이 나왔다면 비슷해 보이는 주제끼리 묶어서 정리할 수도 있다. 이때 주제를 분류하고 해석할 때 참가자들의 의견을 충분히 묻는다. 토의 주제를 쓴 사람에게 어떤 의도로 고민 주제를 썼는지 묻고, 참가자들이 모두 이해한 상태에서 토의가 이루어질 수 있도록 한다. 만약 함께 묶어서 다루기 힘든 주제라면 그대로 두고 이야기를 나눈다. 그날 나온 주제를 모두 다루지 않아도 된다. 한 가지 주제로 심도 있게 토의할 수도 있고 다양한 주제로 폭넓게 대화할 수도 있다. 핵심적인 토의 주제가 나왔다면 그날의 수업 비담은 충분히 의미 있는 시간으로 기억될 것이다.

협의회 마지막 단계인 '수업 나눔으로 배운 것 나누기'를 할 때 사회자는 남은 시간에 따라 융통성을 발휘해야 한다. 시간 여유가 있거나 참가자 수가 적을 때는 각각 한마디씩 돌아가며 소감을 말할 시간을 줄 수 있을 것이다. 그러나 시간이 부족하면 그때까지 말을 안 했거나 적게 한 사람을 중심으로 의도적인 지명을 할 수 있다. 만약 토의의 흐름이 원만하지 못했다면 정리 발언을 잘 할 수 있는 사람을 찾아야 한다.

가장 중요한 것은 마치는 시간을 반드시 준수하는 것이다. 수업 이야기는 언제나 시간이 부족하기 마련이다. 아무리 좋은 수업, 아무리 좋은 협의회도 제시간에 마치지 않는다면 그 감동은 금방 식고 말 것이다.

20명이 넘는 큰 규모의 협의회라면 관찰한 사실 나누기 단계에서 6명 정도의 모둠으로 만들고 각각 모둠 사회자를 두어 진행할 수 있도록 한다. 모둠에서 말하는 것이 부담도 적고 더 진솔한 내용들이 오갈 수 있기 때문이다. 이때 모둠 사회자는 모둠의 토의 주제를 정리하여 판서하는 역할을 하고 모둠에서 나온 의미 있는 이야기들을 다른 모둠들에게 소개해 줄 수 있다.

# 수업 비담 진행

## 수업 교사 및 수업 주제 간단히 소개(5분)

**사회자:** 반갑습니다. 오늘 수업 협의 사회를 맡은 OO학교 교사 OOO입니다. 수업 교사 선생님을 소개해 드리겠습니다. OO학교 OOO선생님입니다. (수업 교사 선생님의 경력이나 친근한 인상에 대해 인사말로 추가해서 소개) 오늘 수업에 대해 소개해 주십시오.

**수업 교사:** 반갑습니다. OO학교 OOO입니다. 오늘 소개해 드릴 수업은 O월 O일에 촬영한 수업입니다. O학년 O학기 사회 O단원 O차시 수업입니다. 주제는 ~입니다. OO 부분에 중점을 두고 수업을 했습니다. 수업의 흐름은 다음과 같습니다. (수업 교사의 수업 소개는 2분 이내로 짧게 한다. 이 시간 동안 협의회 참가자들은 수업 계획안을 가볍게 읽을 수 있다.)

## 수업 보기(40분)

(수업 비담 협의록 배부)

**사회자:** 수업을 보는 눈은 모두 다릅니다. 학부모가 수업을 보는 눈과 교사가 수업을 보는 눈은 엄연히 달라야 합니다. 수업 비담 협의록 앞면의 1번에 관찰한 사실을 기록하며 수업을 봐 주십시오.

사회자: 수업 비담 협의록은 수업을 공개한 선생님에 대한 답례로 마지막에 수업 교사 선생님께 드릴 것입니다. 꼭 협의록에 써 주시길 부탁드립니다. 그럼 수업을 보도록 하겠습니다.

## 수업에서 관찰한 사실 나누기(20분)

(수업 동영상 보기)

## 수업과 수업 교사의 장점 찾기(5분)

사회자: 수업 나눔 기록지를 봐 주십시오. 수업 협의의 중요한 2가지 약속을 함께 읽어 보겠습니다. 첫째.

(참가자들 모두 발언한다.)

사회자: 둘째.

참가자들: 한 사람이 2분 이상 말하지 않는다.

사회자: 2가지 약속을 기억해 주십시오. 그럼 수업 협의를 본격적으로 시작하겠습니다. 먼저 수업을 본 소감을 '장점을 중심으로 한 가지만' 말해 주십시오.

(무작위 발표 또는 오른쪽으로 돌아가며 차례대로 말한다.)

## 수업에서 관찰한 사실 나누기(20분)

사회자: 다음으로 수업에서 관찰한 사실을 바탕으로 모둠별로 이야기하겠습니다. 수업에 대한 이야기를 보다 객관화하

고 풍부하게 만들 수 있는 시간입니다. 서로가 관찰한 사실을 나누고 합치며 수업을 해석해 주십시오. 시간은 20분입니다. (협의회 참가자가 9명 이상일 경우 모둠을 둘로 만들고 각각 모둠 사회자가 진행하도록 한다.)

[표 1] 모둠 협의 좌석 만들기 예( ★ 모둠 사회자 위치)

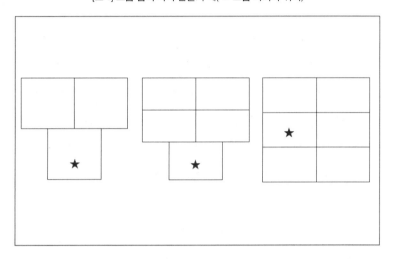

**(모둠) 사회자**: 반갑습니다. (모둠) 사회자 ○○○입니다. 수업 영상을 보면서 관찰한 사실을 기록하셨을 겁니다. 바로 모둠 협의를 시작할까요? 아니면 정리할 시간을 더 드릴까요? (사회자는 참관자의 기록지를 살피며 준비가 된 사람부터 이야기를 시작할 수 있도록 이끈다.)

(모둠) 사회자: 지금까지 이야기 나눈 것 중에서 풀리지 않은 것이나 전체와 함께 더 나누고 싶은 것을 토의 주제로 정리해 봅시다. 의문형으로 정리하면 이야기를 나누기가 쉽습니다. 어떤 주제로 하면 좋을까요?

(토의 주제를 1~3가지 정도 정한다.)


(모둠) 사회자: 수업 비담 협의록 뒷면을 봐주십시오. '누가', '왜', '무엇', '어떻게'로 나눠진 기록란이 있습니다. 이처럼 누가는 '교사와 학생 이해, 교사 학생 관계', 왜는 '교육철학, 수업관', 무엇은 '교육과정, 수업목표', 어떻게는 '수업 방법, 기술'로 모둠에서 정한 토의 주제를 협의가 끝나는 대로 판서해야 합니다. 우리 토의 주제는 어디에 해당할까요?

[표 2] 전체 토의 주제 기록을 위한 칠판 그림

| 누가<br>(교사 및 학생 이해,<br>관계 등) | 왜<br>(교육철학, 추구하는<br>수업 방향 등) | 무엇<br>(교육과정, 수업목표,<br>교사 의도, 기대 등) | 어떻게<br>(교수 · 학습 방법, 수<br>업기술, 학습 조직<br>등) |
| --- | --- | --- | --- |
| 예) | 예) | 예) | 예) |

## 토의 주제 찾아 함께 말하기(40분)

사회자는 칠판에 날짜, 수업 주제, 4가지 차원으로 수업 보기, 전체 토의 주제 기록용 표를 다음과 같이 그려 놓는다.

**사회자:** 모둠 협의를 통해 풀리지 않은 것이나 전체와 함께 나누고 싶은 토의 주제를 정리합니다.

**사회자:** 수업 비담 협의록 뒷면을 봐 주십시오. '누가', '왜', '무엇', '어떻게'로 나눠진 기록란이 있습니다. 누가는 '교사와 학생 이해, 교사 학생 관계', 왜는 '교육철학, 수업관', 무엇은 '교육과정, 수업목표', 어떻게는 '수업 방법, 기술'로 모둠에서 정한 토의 주제를 협의가 끝나는 대로 나와서 판서해 주십시오. (5분)
(모둠 구성원이 나와 칠판에 적힌 항목에 맞추어 토의할 주제를 쓴다)

**사회자:** 여기에 나오지 않은 수업 선생님이 나누고 싶은 고민을 기록해 주십시오.
(수업 교사에게 묻기)

**사회자:** 다양한 이야깃거리가 나왔는데요. 나온 토의 주제

중에서 이해가 안 되는 질문은 모둠에게 보충 설명을 다시 듣겠습니다. 비슷한 주제끼리는 묶어 보겠습니다.

**사회자**: 설명이 필요한 부분이 있습니까? 비슷한 주제가 있습니까?
(각자의 의견을 들으며 큰 이야깃거리를 찾아낸다: 소거법으로 정리)

**사회자**: (협의의 흐름에 따라 사회자는 연결 짓는 말을 해야 한다.) 주어진 시간은 O분입니다. 이 시간까지 전체 나눔 시간을 갖겠습니다. 여기 많은 주제가 있습니다. 다 나누지 못할 수도 있습니다. 먼저 수업 교사의 고민이 담긴 토의 주제부터 이야기를 하겠습니다. 수업 교사가 적은 질문에 대해 설명해 주세요.
(전체 토의는 수업 교사의 고민으로 시작한다. 이때 수업 교사가 직접 자신이 적은 고민에 대해 간단히 설명한다. 자신이 제시한 주제 소개 외에는 전체 토의에서 발언하지 않는다. 사회자는 억지로 말을 연결 짓지 않는다. 조금만 기다려라. 30초의 침묵을 참고 기다리면 된다. 협의 참여자 중 누군가 다음을 연결 짓고 있을 것이다.)

## 〈전체 나눔 주의할 점 1〉
협의 참가자 한 명이 발언권을 독점할 때

사회자: 모든 사람이 골고루 말을 할 수 있었으면 좋겠습니다. 아직 이야기를 안 하신 분들의 소중한 의견도 듣고 싶습니다. 모두의 나눔 장이 되었으면 합니다.

## 〈전체 나눔 주의할 점 2〉
한 가지 주제만으로 지나치게 오래 끄는 경우

사회자: 계속 이 이야기가 반복되는 것 같습니다. 이 자리에서 답을 얻을 수는 없습니다. 각자의 고민으로 더 생각해 봤으면 합니다. 다음 주제로 넘어가겠습니다.

## 〈전체 나눔 주의할 점 3〉
협의의 흐름이 수업 코칭 쪽으로, 수업 교사를 가르치려는 방향으로 나갈 때

사회자: "오늘 수업에서 이 부분이 좀 이상하다, 이렇게 하는 것이 더 좋겠다."라고 말하지 않습니다. 오늘은 토의 주제와 관련되어 떠오르는 구체적인 나의 사례, 이에 대한 나의 고민 지점을 들어가며 나누는 시간입니다.

〈전체 나눔 주의할 점 4〉

참관자가 수업 교사에게 질문을 하려고 할 때

**사회자:** 잠깐만, 죄송합니다. 수업 교사에게 질문을 하셨죠?
사실 수업 교사 역시 무척 말하고 싶습니다. 하지만 오늘 수
업 나눔 자리는 수업 교사에게 직접 묻고 답을 듣는 시간이
아닙니다. 이 수업을 매개로 각자의 수업 고민과 성찰을 추
구하는 자리입니다. 답을 얻기보다 토의 과정 속에서 다양
한 가능성을 모색하는 것이 좋겠습니다.

## 수업 나눔으로 내가 배운 것 나누기(10분)

**사회자:** 오늘 수업 협의 과정을 통해 내가 배운 것, 소감을
나누도록 하겠습니다.

(참여자 소감 나누기: 시간이 남으면 참석자 모두 말하기, 시간
이 조금 남았으면 전체 토의에서 발언을 적게 한 사람만 지명,
시간이 많이 부족하면 생략하거나 1~2명만 발언하게 한다.)

**사회자:** 수업 협의 과정 동안 많은 이야기를 들으셨는데요.
수업 협의 과정으로 수업 교사로서 선생님께서 배운 것, 소
감을 나누도록 하겠습니다.

(수업 교사 소감 나누기: 2분 이내로 말하기. 협의 과정을 지켜보면서 들었던 생각, 소감을 중심으로 이야기한다.)

## 수업 비담 기록

수업고민 비우고 담다 성찰과 토의가 있는 수업비담협의회

### 수업 비담 협의록

날짜 :

| 학년 | | 교과 | | 수업자 | |
|---|---|---|---|---|---|
| 수업주제 | | | | 참관자 | |

1. 수업에서 관찰한 사실 기록하기

2. 수업과 수업자의 장점 찾기

3. 수업에서 관찰한 사실 나누기

4. 토의 주제 찾아 함께 말하기

5. 수업비담협의회를 통한 나의 성찰

[그림 2] 수업 비담 협의록 앞면 양식

**누가** (교사 이해, 학생 이해, 교사·학생 관계…)

**왜** (교육철학, 추구하는 수업 방향…)

**무엇** (교육과정, 수업목표, 교사 의도, 기대…)

**어떻게** (교육 학습 방법, 수업 기술, 구조…)

[그림 3] 수업 비담 협의록 뒷면 양식

# 수업 비담 협의록

날짜 : 2017. 7. 4

| 학년 | 1 | 교과 | 국어 | 수업자 | |
|------|---|------|------|--------|---|
| 수업주제 | 그림과 어울리는 문장 만들기 | | | 참관자 | |

**1. 수업에서 관찰한 사실 기록하기** → 내가 본것, 들은것,

실물화상기로 낱말 돌려시키카드 활동으로 수업을 시작한다.

2인 1조로 나란히 아이들 좌석배치

빈칸에 낱말 찾아쓰기 학습지를 1인 1장씩 준다. 다음에는 자유 낱말쓰기 학습지 배부.

박범아이는 의자에서 일어서거나 무릎 세우기를 하거나 뗄작끼 몸을 기대는 자세.

오@ 아이는 무엇을 해야할지 모르고 혼자 어려워하고 있다.

아이들이 한 목소리로 읽기를 잘 한다. 앉은채로 큰소리로 외치며 떠들듯이 말한다.

교사가 의도적 지명 (국어부진아)을 한다.

학습지를 공책에 붙이고 바로 풀기 시작한다.

칠판에 학습지 문제를 쓰고, 함께 해결하고, 아이들이 계속 보면서 도움받을수있다.

문장 만들기 놀이활동을 할때 짝과 만나 서로 도와주며 해결하고 있다.

먼저 한 아이는 칠판밑에서 확인자 역할을 하고 교사는 개인지도가 필요한 아이를 돕는다.

**2. 수업과 수업자의 장점 찾기**

Small step, 변화있는 도움을 등 부진아를 배려한 수업 디자인을 한것이 돋보였다.

아이들의 호흡이 좋고, 자유롭게 의사소통하고 있다.

소란중에 움직이면서 배우고 있다. 아이가 어려워하는 지점을 교사가 잘 파악한다.

**3. 수업에서 관찰한 사실 나누기**

다른 사람을 통해 서툴게 알게 된 사실을 더 쓴다.

+ 아이들이 문장 만들기 놀이를 하기 전에 약간의 혼란이 있다.

+ 블록 타임 수업인데 아이들이 긴 시간이라 느끼지 않고 끝까지 열심히 한다.

**4. 토의 주제 찾아 함께 말하기**

1학년 아이의 발달 단계를 고려하더라도 수업 시간에 허용범위는 어디까지일까?

집중력이 부족한 아이를 어떻게 도와야 하는가?

**5. 수업비담협의회를 통한 나의 성찰**

아이들 한명 한명의 독성을 이해하고 인정하면서 수업을 한다는 것이

참 어렵다는 것을 다시 한 번 느꼈고, 그러기 위해 노력하는 수업장면과

선생님들을 보고 많이 배울수 있었다.

[그림 4] 수업 비담 협의록 기록된 앞면 예시

**누가** (교사이해, 학생이해, 교사·학생 관계…)

① 1학년 교사가 어디까지 세심해야 하나?

② 집중력이 부족한 아이를 어떻게
   도와야 하는가?

③ 보육과 교육활동의 적정선은?

④ 생활교육과 학습지도의 균형점 찾기

**왜** (교육철학, 추구하는 수업방향…)

① 무기력한 아이, 방해하는 아이가
   다른 아이들의 학습권을 침해하는 것
   그냥 두고 보기만 해야할까?

② 한 못소리로 읽는 것은 어떤의미가
   있는가? 의도·목적

③ 기본 학습지와 심화학습지를
   다 같이 풀이하는 것이 좋은가?

**무엇** (교육과정, 목표, 교사 의도, 기대…)

① 단위수업시간 안에 아이들의
   수준차이를 어떻게 좁힐 수 있을까?

② 숙달과 반복이 필요한 아이와
   한 단계 더 나아가야 하는 아이에게
   모두 의미있는 학습지 구성 방법?

**어떻게** (교육학습방법, 수업기술, 구조…)

① 교과서의 다양한 활용방법

  - 재구성 후 사용하지 않기

  - 학습지 속에 넣어서 대체

  - 갈라붙이기, 넘어서 가등

② 아이들의 흥미를 유발하면서
   수업목표에 충실한 놀이 수업 사례들

③ 활동하면서 배우기의 효과
   떠들면서 움직이면서 더 잘 배우는
   아이들의 특성 활용 하는 수업 디자인.

[그림 5] 수업 비담 협의록 뒷면 예시

# 2장. 수업 비담 단계

### 1단계: 수업과 수업 교사의 장점 찾기

다양한 선생님들의 수업을 보면, 어렵고 힘들어하는 이면에 선생님들 각각 자신만의 수업 장점을 가지고 있다. 후배 교사는 노련한 선배 교사의 수업 기술을 부러워하고, 선배 교사는 후배 교사의 참신함을 부러워한다. 내가 없는 것을 채우려 하다 보면 힘들지만 내가 가지고 있는 것을 부각함으로써 나의 단점을 보완할 수 있다면, 조금 더 행복한 수업을 할 수 있지 않을까 싶다.

수업 협의회의 시작 단계에서 장점 찾기와 칭찬을 통해 수업자의 자존감을 높여 주는 것은 아주 중요하다.

**완벽한 수업, 완벽한 교사가 있을까?**

그렇기 때문에 우리는 고치기 어려운 단점에 집중하기보다는 발전 가능성 있는 장점에 집중하여 더 나은 수업을 추구하고자 한다.

수업 장학이나 컨설팅이라는 이름으로 이루어지는 수업 협의회에 들어가 보면 무언가 자신만의 관점으로 날카로운 비판이나 조언을 해야만 훌륭한 참관자처럼 보이는 분위기가 흐른다. 일반 학교의 수업 협의회에서는 보이지 않는 수많은 창과 방패들이 오간다. 마치 잘못된 점을 많이 찾아낼수록 수업을 더 잘 보는 사람 같고 더 전문적인 실력이 있는 것처럼 보이기도 한다.

그러나 실제로 수업을 보고 지적하고 단점을 찾아내는 것은 누구나 할 수 있다. 수업 이론에 능통한 교수님은 물론이고 수업 현장을 떠난 학교 관리자, 심지어 수업을 한 번도 해 보지 않은 교육대학이나 사범대학 학생들도 수업을 보고 평가하는 것은 가능하다.

하지만 일상적으로 수업을 하고 있고, 수업 공개와 수업 협의회의 부담을 경험해 본 같은 입장의 교사라면 비판적 관점으로만 수업을 바라보지 않는다. 아이들의 말을 이해하고 공감하며 따뜻한 시선으로 수업 교사의 고민을, 수업을 바라본다.

## 협의회 온도 올리기

수업 영상을 보기에 앞서 먼저 수업 교사를 기분 좋게 소개하면 분위기를 친밀하게 만들고 협의회 시작을 부드럽게 할 수 있다.

수업 영상을 본 후 본격적인 협의회 워밍업으로 수업과 수업 교사의 장점 찾기를 하면 칭찬을 하는 사람도 듣는 사람도 미소 짓게 된다. 칭찬과 장점 찾기는 협의회를 앞둔 긴장한 분위기를 따뜻하고 부드럽게 만든다. 장점을 찾는 일은 내 몸을 낮추고 시간을 들여야 가능한 일이다. 자세히 보아야 예쁘고 오래 보아야 사랑스럽다는 어느 시인의 시구절처럼 대충 띄엄띄엄 보아서는 칭찬거리를 찾기 힘들다. 애정을 담은 시선으로 겸손한 마음을 가질 때 진심이 담긴 장점을 찾을 수 있다. 모두가 그런 마음을 가지고 수업 협의회를 시작한다면 서로의 감정을 다치게 하는 말이나 서로의 자존감을 깎는 말은 하지 않게 된다. 장점 찾기를 통하여 마음 열기가 이루어지면 그다음 진행은 훨씬 원활해진다.

## 칭찬으로 안전지대 만들기

"수업을 보여 주는 게 제 민낯을 보이는 것 같아요. 교사인 제 모습을 보는 것도 부끄럽고 아이들도 이날따라 유난히 엉뚱한 행동들을 하더라고요. 제가 실수하는 것만 신경 쓰이고, 딴짓하는 아이만 눈에 들어오는 것 같았어요. 그런데 ○○선생님께서 제 표정이 좋다고 하시니까 쑥스럽기도 하고 고마웠어요. 우리 반 아이들이 솔직하고 호기심이 많아 보인다는 말도 칭찬으로 들렸어요."

[그림 1] 수업과 수업 교사의 장점 찾기

진지하게 수업을 참관한 교사들은 그 수업이 가진 장점 또는 자신이 가지지 못한 수업 교사의 장점들을 찾아낸다. 보는 관점에 따라 단점이 장점으로 해석되기도 한다. 시끄러운 수업은 활기찬 수업으로 볼 수 있고 심심한 수업은 집중하는 수업이 되기도 한다. 이러한 칭찬과 의미 부여는 주눅 들어 있고 긴장하고 있는 수업 교사의 마음을 풀리게 하고, 협의회에 참가한 사람들에 대한 믿음을 가지게 한다.

"공개수업을 마치고 나서 후련한 마음도 있었지만 수업 중 실수한 부분들이 마음에 걸렸어요. 나중에 협의회를 할 때 선생님들이 그 부분을 지적할 텐데 어떻게 해명할지 계속 생각했어요."

수업 교사의 장점 찾기를 통해 협의회 자리는 수업 교사와 참 관자 모두 같은 입장에서 편안한 이야기를 나눌 수 있는 곳, 내 고민을 터놓고 나눌 수 있는 곳이 된다. 그리하여 수업 교사와 참 관자 모두 안정감을 갖게 되어 경계심을 내려놓고 그다음의 본격 적인 협의회 단계로 나아갈 수 있다.

공개수업 참관 후 협의회에 참가한 사람들의 마음은 어떠할 까? 허물없이 일상적인 대화를 나눌 만큼 친밀감도 느끼지만 수 업 협의회에 참여하는 교사들은 대체로 진지하고 엄숙한 경향이 있다. 물론 공적인 말하기 공간에서 형식과 예의를 갖추어 말하 는 것은 필요하다. 하지만 공치사와 의례적인 대화만 오가는 협 의회는 서로에게 의미 없는 시간이 되고 공개수업의 사족이 되는 경우도 생긴다. 수업 협의회 진행을 하다 보면 의외로 수업 교사 뿐 아니라 참관자들도 불편한 마음을 가지고 있는 경우가 많다.

"저는 조용히 듣는 걸 좋아해요. 아는 게 별로 없어서 배우러 왔습니다."

"사회자가 저에게 그 부분에 대해 말해 보라고 했을 때 많이 당 황했어요. 별로 할 말이 없었거든요."

"솔직히 궁금한 점이 있었는데 그 질문을 하면 내가 너무 모르 는 사람처럼 보일까 봐 말하기가 쑥스러웠어요. 다른 사람은 다 아는 너무 사소한 주제가 아닌가 싶기도 하고요."

교사들은 말하는 과정에서 자신의 내면이 드러나게 될까 봐 많이 조심하고 방어적인 자세가 된다. 특히 첫말 트기가 쉽지 않다. 어느 정도 워밍업 과정이 필요한데, 수업의 장점 찾기를 통해 대화의 물꼬를 트는 것이 가능하다.

무슨 말부터 시작해야 하나 모두들 고민하고 있을 때 누군가 처음 시작의 말을 하게 되면 그다음은 또 다른 누군가로 이어지게 된다. 그리고 내 말을 시작한 이후에는 구경꾼이 아닌 참가자의 입장이 되어 다른 사람이 하는 말에도 관심을 가지고 더 잘 듣게 된다.

### 구체적인 칭찬 릴레이

그렇다면 칭찬은 어떻게 하여야 할까? 어떠한 칭찬이라도 안 될 것은 없다. 수업 교사에게 칭찬 샤워를 시킨다고 생각하고 마음껏 퍼부어 주면 된다.

구체적으로 관찰한 사실에 근거한 칭찬이라면 더 좋을 것이다. 칭찬도 하다 보면 더 잘하게 되고, 칭찬 릴레이가 되면서 그 시너지는 더욱 커진다.

### ♡ 교사 장점

"교사가 수업을 즐거워하는 마음이 느껴져서 보는 나도 즐거웠다."

"선생님 표정이 늘 웃고 있고 아이들도 칭찬을 많이 듣고 행복해했다."

"아이들에게 스스로의 생각이 소중하다는 것을 느끼게 해 주는 발문이 많았다."

"교사가 지시를 스몰 스텝으로, 구체적으로 해서 아이들이 알아듣기 쉬웠다."

"모든 아이들이 따라 할 수 있도록 교사가 시범 보이기를 잘했다."

"교사의 언어가 단호하면서 긍정적인 발문이 많아서 구체적으로 배우고 싶었다."

"모든 감각기관을 활용하여 변화 있는 읽기 수업을 하였다."

"도움이 필요한 아이에게 교사가 민감하게 반응하며 지도하고 있다."

"교사의 판서가 예쁘고 구조화되어 있다."

"교사가 아주 섬세하게 안내를 해서 어려워하는 아이에게 도움이 되었을 것 같다."

"교사가 아이들과 눈을 맞추고 표정을 살피면서 이야기를 들려주었다."

"학생들이 말할 때 선생님의 비언어적 반응이 뛰어났다."

"교사가 서둘러 정리하지 않고 끝까지 아이들 스스로 해결할 수 있도록 기다려 주었다."

"학생마다 학습 속도가 다른 것을 자연스럽게 여기고 인정해 주었다."

## ♡ 학생 장점

"아이들이 자유로우면서도 질서 있게 움직이고 있다."

"아이들이 솔직하게 반응하고 자기 나름의 생각을 주저 없이 발표하고 있다."

"구체물을 가지고도 아이들이 차분하게, 집중력 있게 활동하는 것이 인상적이었다."

"자료가 비교적 어려웠지만 아이들이 그것을 해석해 보려고 도전하는 모습이 대견했다."

"잘하는 아이가 도움이 필요한 친구를 도와주는 모습이 아름다웠다."

"아이들이 이야기 속으로 계속 빠져 들어가고 있는 것을 느꼈다."

"학생이 나와서 개념을 설명할 때 아이들의 집중도와 이해도가 높았다."

"저학년인데도 모둠 활동이 잘 되고 있다."

## ♡ 수업 디자인 장점

"칠판 나누기를 해서 서로 생각을 비교하고 질문이 나오도록 유도한 것이 좋았다."

"수업이 편안하고 자연스러웠다. 아이들의 교실 생활이 상상이 된다."

"전날 통합 시간에 배운 노래를 오늘 수학 시간에 가지고 와서 연결시킨 것이 좋았다."

"한 가지 주제를 가지고 심플하고 심도 있게 다루어서 좋았다."

"수업 속 아이들처럼 교사인 나도 수업 내용을 즐겁게 배웠다."

"수학 수업을 국어 수업과 연결하여 하는 것이 좋았다."

"아이들이 충분히 조작 활동을 할 수 있도록 배려한 것이 좋았다."

## 2단계: 수업에서 관찰한 사실 나누기

대니얼 사이먼스(Daniel Simons)와 크리스토퍼 차브리스 (Christopher Chabris)의 '보이지 않는 고릴라' 실험에서처럼 사람들은 흔히 자기가 보고 싶은 것만 보고 믿는 대로 보게 된다고 한다. 같은 수업을 보았는데 서로 다른 수업을 본 것처럼 전혀 다른 이야기를 하는 경우도 있다. 내가 본 것을 다른 이는 보지 못하고 내가 못 본 것을 다른 이는 보기도 한다. 우리의 주의력에는 한계가 있고 한 가지에 집중하면 나머지는 잘 못 보고 넘어갈 수밖에 없기 때문이다.

참관자 각자가 수업에서 관찰한 다양한 사실들을 꺼내어 보면 그 결과들이 퍼즐처럼 맞춰지면서 단순해 보이던 수업이 훨씬 풍부해지고 입체적으로 보이게 된다. 내가 보지 못한 새로운 사실들을 발견하는 경험은 내 관점의 부족함을 깨닫게 해 주고, 다양한 눈으로 수업을 보게 해 시야가 넓어진다. 내가 본 것이 다가 아니라는 부족함을 깨닫게 되는 순간, 평가자의 입장을 내려놓고 겸손한 마음으로 수업을 다시 보게 된다.

관찰의 목적은 이해이다. 집중하여 관찰하면 수업과 수업 교사에 대해 더 잘 이해할 수 있게 된다. 또한 동시에 한 수업에 대한 심도 있는 관찰은 모든 수업을 더 깊고 의미 있게 받아들이도록 한다. 사소해 보이지만 세부적인 것들을 관찰하고 이해하는 능력이 발달하면 수업의 같은 점과 다른 점을 민감하게 해석할 수 있게 한다.

'아이 눈으로 수업 보기' 방법을 고안한 서근원 교수는 수업을 평가(over-stand)하지 않고 이해(under-stand)하는 방향으로 관찰하자고 강조한다. 이 방법으로 수업을 관찰하는 훈련은 수업을 보는 눈을 키우는 데 많은 도움이 된다.

### 다양한 관점으로 관찰하고 여러 관점 모으기

지금까지 수업 관찰의 주 대상은 교사였다. 그동안 익숙하게 해 왔던 방식이기도 하고, 수업이 여전히 교사 주도적이고 목표 지향적이기 때문이다. 교사를 관찰하는 목적이 평가가 아니라는 것을 전제해도 여전히 교사의 교수 활동을 관찰하는 것은 중요하다. 특히 초등 저학년일수록 교사가 수업에서 미치는 작용은 크다고 볼 수 있다. 교사의 교수 활동 중심으로 수업을 관찰할 때는 주로 측정 가능한 데이터에 근거하여 양적 평가를 하게 된다. 이는 비교적 쉽고 객관적인 관찰을 하기에 편리한 방법이다.

최근 배움 중심 수업 철학에 의한 수업이 강조된 이후에는 수업 관찰의 관점이 아이들로 많이 옮겨졌다. 교사 활동 중심으로 수업을 분석하는 것의 한계를 인정하고 그동안 상대적으로 소홀했던 아이들의 배움을 중심으로 수업을 바라보기 시작한 것이다. 그리하여 교사의 발문에 아이들이 어떻게 반응하는지, 모둠 활동에서 어떤 말들을 주고받는지, 어디에서 아이들의 배움이 주춤거리고, 어느 지점에서 배움의 점프가 일어났는지 등 좀 더 미시적인 관점으로 수업을 보게 되었다. 참관자가 교실 뒤쪽 멀리서 바라보던 자세에서 아이들 속으로 가까이 다가와 관찰하게 된 것이다.

그러나 교실의 많은 아이를 한 사람이 다 관찰하기는 힘들다. 그래서 관찰 대상 학생을 정해 두고 집중 관찰을 하기도 한다. 여러 사람이 여러 대상을 관찰하고 그것들을 한데 모아 보면 내가 보지 못한 새로운 장면들을 알게 된다. 마치 장님이 코끼리를 만지듯 지금까지 한 면만 바라보았던 것이 함께 퍼즐 조각들을 맞추듯 함께 보게 되면 수업 전체가 입체적으로 재탄생하게 된다.

### 판단하지 않고 바라보기의 어려움

판단에는 자신의 관점과 가치가 반영된다. 관찰은 자신의 관점과 가치를 내려놓고 있는 사실 그대로를 바라보는 것이다. 이것은 쉬워 보이지만 결코 쉬운 일이 아니다. 판단해 오던 습관을 고친다는 것이 쉬울 리가 없기 때문이다. 특히 우리 교사들은 직업적으로 일정한 기준에 의해 상대를 판단하는 데 익숙하다. 맞다, 틀리다, 옳다, 그르다 하는 가치 판단의 잣대를 끊임없이 아이들에게, 동료 교사들에게 들이댐으로써 잘못된 선입관이나 편견, 관행, 왜곡을 가져오기도 한다.

무한한 잠재 가능성을 가지고 배움의 연속선상에 있는 아이들에게 교사의 일방적인 평가 기준은 때로 아이들을 주눅 들게 하고, 배움의 연속성을 끊어지게 하는 등 단점이 더 많다.

수업을 볼 때 수업에서 벌어지는 사실에 집중하는 훈련이 필요하다. 마음을 비우고 눈에 보이는 대로, 귀에 들리는 대로 담백하게 바라보는 것이 관찰의 핵심이다. 머리에서 이루어지는 판단을 멈추고 감각기관을 총동원하여 교실에서 벌어지는 장면을 있는 그대로 관찰하는 것에 집중해야 한다.

### 수업을 잘 관찰하는 방법

한 시간 수업을 처음부터 끝까지 집중력 있게 보는 것은 쉬운 일이 아니다. 그런데 수업 시작 전 수업 계획안을 훑어본 후 도입 부분만 관심 있게 보고 그 이후에는 옆 선생님과 대화를 나누거나 수업하는 아이들에게 수업과 상관없는 말을 걸기도 하는 선생님이 있다. 이런 행동은 수업에 대한 무관심에서 비롯되었다고 생각한다. 참관자들이 좀 더 예의를 갖추어야 할 부분이다.

[그림 2] 참관자들이 교실 뒤편에 앉아서 수업을 참관하고 있다.

또는 수업 참관자를 위해 마련해 둔 교실 뒤편 좌석에 한 시간 내내 앉아서 참관하는 선생님도 있다. 뒷좌석에 앉아 바라보는 것은 교사 활동 중심으로 수업을 본다는 것이다. 뒷좌석에서 바라보는 아이들 뒷모습만으로 어떻게 아이들의 배움을 관찰할 수 있다는 말인가.

심지어 어떤 수업 참관자는 처음 5분만 보면 어떤 수업인지 다 안다고 말하기도 한다. 그러나 수업 밖에서 수업 분위기를 느끼는 것과 수업 속으로 들어가 수업을 만나는 것은 큰 차이가 있다. 어떻게 하면 제대로 관찰할 수 있을까?

[그림 3] 관찰 모둠을 정하고 수업을 참관하는 모습

제대로 관찰하기 위해서는 아이들 속으로 가까이 다가가야 한다. 멀리서 바라보면 자세히 보고 들을 수가 없다. 자세히 보고 들을 수 없으면 미루어 짐작하거나 상상하게 된다. 사실에서 멀어지게 된다. 아이들 속으로 들어가면 아이들의 눈빛을 읽을 수 있고 작지만 소중한 이야기가 들린다. 그 속에서 진짜 배움의 과정을 알 수 있게 될 것이다.

관심과 애정을 가지고 꾸준히 바라보아야 한다. 띄엄띄엄 보면 맥락을 이해할 수 없고, 오해와 왜곡이 생겨 수업에서 일어나는 사실에서 멀어지게 된다. 관심과 애정을 가지고 수업 시간 동안 일어나는 사실에 집중하다 보면 처음에는 길게 느껴졌던 40분 수업이 오히려 짧게 느껴지게 될 것이다.

관찰하는 중간중간 끼어드는 자의적인 판단을 멈추기 위해서는 보이는 대로, 들리는 대로 기록하면서 보면 좋다. 필기구를 들고 부지런히 종이에 쓰면서 수업을 볼 것을 제안한다. 쓰는 행위를 통해 수업에 더욱 집중할 수 있게 된다. 그리고 그 기록은 이후 협의회에서 토의의 근거 자료가 된다. 기록할 때는 관찰자의 선입견을 최대한 버려야 한다. 즉시 해석하거나 판단하지 말고 최대한 사실에 가깝게 시간의 흐름에 따라 기록하려고 노력해야 한다.

　40분 이상의 수업을 흐트러지지 않고 집중해서 관찰한 것들을 기록해 나가다 보면 일관된 흐름이 보이고 수업에서 중요한 것들과 그렇지 않은 것들이 드러나게 된다. 그리고 내가 관찰한 사실과 다른 사람이 관찰한 사실 간에 같은 점과 다른 점이 확연하게 비교될 것이다.

[그림 4] 수업 동영상 보며 바로 기록하기

[그림 5] 수업에서 관찰한 사실 기록하기

### 좋은 관찰의 예

교사가 집중을 시킬 때 몸을 갑자기 구부리거나, 눈을 크게 뜨거나, 목소리를 오히려 작게 했다.

○○이가 처음부터 엎드려 있었다. 공책 다 집어 넣으라고 했을 때 혼자 안 넣고 있었다. 그런데 카메라가 다시 돌아오니까 치우고 없었다.

25분 정도부터 아이들의 집중력이 급격히 떨어지기 시작했다.

수업 중에 선생님이 지우개로 공책을 지워 주고 다시 쓰게 했다.

### 관찰한 사실을 바탕으로 질문과 토의 주제 끌어내기

손뼉 집중을 두 번 하였다. (관찰)

집중을 시키는 활동이 수업 흐름을 끊었다. (판단)

교사가 어떤 의도를 가지고 집중 신호를 한 것일까? (질문)

집중 신호는 언제, 어떻게 하는 것이 좋을까? (주제)

○○학생이 3가지 활동 중 두 번까지만 해결했다. (관찰)

수업 양이 많은 것 같다. (판단)

활동 3가지를 제시한 의도는 무엇이었을까? (질문)

아이들에게 적절한 활동의 내용과 수준은 어떠해야 할까? (주제)

교사가 공책 개별 확인을 네 번 했다. 기다리는 아이들이 많았다. (관찰)


교사가 공책 검사를 할 때 힘들어 보였다. (판단)

교사가 공책 검사를 할 때 어떤 기준을 가지고 있었을까? (질문)

교사도 덜 힘들고 아이들도 기다리지 않는 효율적인 공책 검사 방법이 있을까? (주제)


문제를 다 푼 아이는 손 머리를 하라고 지시했다. (관찰)

아이에게 손 머리를 하는 것은 죄인처럼 느껴졌다. (판단)

아이들이 손 머리를 하는 것을 불편해하지는 않을까? (질문)

문제를 다 푼 아이가 신호를 하는 다른 방법은 어떤 것이 있을까? (주제)


공책 검사를 할 때 담임 혼자서 했다. (관찰)

수학 보조 교사가 수업 중에 제역할을 찾지 못하는 것 같았다. (판단)

공책 검사를 할 때 담임이 직접 하는 이유가 있나? (질문)

수학 보조 교사와 함께하는 수업에서 담임교사와 보조 교사의 역할 분담은 어떻게 이루어져야 할까? (주제)

OO학생이 "나는 절대로 가르쳐 줄 수 없어. 니가 알아서 해야지."라고 말했다. (관찰)

OO학생과 그 짝은 서로 관계가 좋지 않아 보였다. (판단)

OO학생과 그 짝은 평소 어떤 관계인가? (질문)

개인차가 있는 아이들이 서로 협동하며 배움이 일어나게 할 수 있는 방법으로 어떤 것들이 있을까? (주제)


## 3단계: 토의 주제 찾아 함께 말하기

자기 나름의 시선으로 바라본 수업은 협의회 참가자들에 의해 관찰과 해석의 시간을 거치며 나의 수업 고민과 맞닿게 된다. 객관화된 수업 이야기는 4가지 차원의 수업 바라보기 질문으로 연결되며 한층 깊이 있는 이야기로 발전하게 된다. 이러한 단계가 바로 '3단계 : 토의 주제 찾아 함께 말하기'이다. 이는 협의회 참가자들이 공동 질문을 만들어 내고, 그것을 토대로 경험을 나누고 대화하고 토론하는 과정이다.

이 단계의 특징은 주요 논점을 찾아 집중 토의하는 것이다. 참가자들이 제시한 질문을 토론의 주제로 의문형으로 만들어 유연하게 토론한다. 이러한 과정을 통해 참가자들은 자신도 모르는 사이에 평소 갖고 있던 수업 고민을 꺼내게 된다. 수업 교사뿐 아니라 참가자 모두는 오늘의 수업을 매개로 자신의 수업 모습을 들여다보며 성찰하는 경험을 하게 된다.

따라서 토의 주제 찾아 함께 말하기 단계는 토의 참가자들이 다양한 수업 사례를 내놓으며 서로의 실천적 전문성을 인정하게 한다. 또한 각자의 수업 고민들이 자연스럽게 연결되면서 공감하고 격려하게 만든다. 이는 학교문화를 따뜻한 분위기로 변하게 만들 뿐 아니라, 서로 수업 고민을 나누며 우리 모두가 함께 교육을 만들어 가는 공동체임을 가슴에 새길 수 있게 한다.

[그림 6] 토의 주제 찾아 함께 말하기

## 논점을 찾아 토의하기

4가지 관점에서 수업 바라보기 질문은 뒤죽박죽 엉켜 있기 마련이다. 토의 주제가 여러 질문들로 나열되어 있기 때문이다. 따라서 이 단계에서는 칠판에 가득 채워진 주제 중에서 비슷한 주제를 묶고 유목화한 후 토의의 논점을 잡을 필요가 있다. 협의회 참가자들의 질문 중 일맥상통할 질문들을 묶어 주는 작업을 하는 것이다. 공통되는 질문을 만들게 되면 사회자가 흐름을 이끌지 않아도 참가자들 스스로 흐름을 잡아 갈 수 있게 된다.

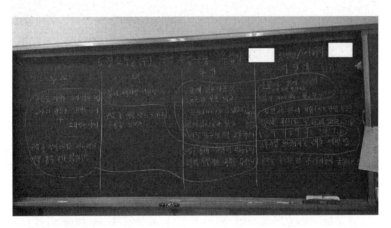

[그림 7] 칠판에 비슷한 질문 묶기 사례

물론 경직된 협의회 경험만을 가진 집단 내에서 수업 비담을 처음 도입한 경우는 능숙한 사회자의 진행 기술이 요구된다. 사회자는 참가자가 논점을 흐리는 경우, 다시 어떤 논점으로 토의를 시작하게 할 것인가, 혹은 질문과 질문을 어떻게 연결할 것인가를 잘 판단하여 유연하게 이어 주며 전체 토의의 흐름을 잡아 주는 기술을 펼쳐야 한다. 또한 협의회 참가자들의 관심 분야와 성향, 학교 분위기 등에 따라 논점이 다양하게 변할 수 있으므로 정기적으로 수업 비담을 실시하는 것이 필요하다.

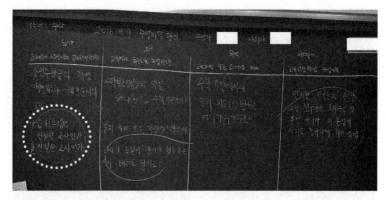

[그림 8] 토의 시작 질문 선택하기

**누가: 수업 교사(우리)는 친절한 교사인가, 불친절한 교사인가?**

A교사: '친절한 교사인가, 불친절한 교사인가?'에 대해 이야기를 하고 싶습니다. 수업 교사는 항상 자기가 불친절하고 엄청 무섭고 엄한 선생님이라고 말했거든요. 그런데 오늘 수업 장면에서 본 바로는 친절해요.

B교사: 저는 수업 교사가 이 수업 말고도 평소 수업할 때도

보면 항상 친절한 교사라고 느꼈어요.

A교사: 그러니까 그건 왜 그럴까요? 우리 '누가'로 이야기해 봐요. 자신은 끊임없이 불친절하고 무섭고 엄한 교사라고 말하는 것과 우리가 수업 장면에서 보는 친절함의 차이에 대해서요. 오늘 수업만 보더라도 평소 수업 교사의 수업을 보면 지나치게 친절하다는 생각이 들었거든요. 저는 수업 교사가 작년에 6학년 담임을 하다가 1학년으로 내려오면서 친절에 대한 강박이 생긴 게 아닌가라는 생각도 들었어요.

B교사: 아니요. 수업 교사는 6학년을 가르칠 때도 친절했어요. 스타일이 다를 뿐이지. 내가 봤을 때 친절의 의미가 다른 거예요. 어떤 상황에서든 자세하게 확인하고 하나하나 안내해 주고 챙기는 게 있어요. 학년이 다르므로 그 아이들의 특성에 맞게 말을 길게 안 하거나 일부를 직접 해 주는 등 소소한 표현 방법의 차이만 있다고나 할까? 아이들이 불편을 못 느끼게, 다른 방향으로 못 가게 하나하나 챙겨 주는 것이 친절한 교사라고 봅니다.

A교사: 평소에 자기가 말하던 불친절한 교사라면 "지워. 지우고 다시 써." 이렇게 해야 하는 거죠. 그런데 왜 지워 줬을까? 그게 궁금해요. 그건 어떤 의도일까요?

D교사: 버릇이 아닐까 싶어요. 다들 이러한 행위를 친절이라 표현하지만 다르게 해석할 수 있을 것 같아요.

E교사: '완벽한 선생님'으로 말해 보면 어떨까 싶어요. 아이들이 지우면 오래 걸리거나 제대로 안 지우고, 그래서 내가 다른 모둠을 한 바퀴 돌아서 왔는데 아직도 지우고 있다든지, 그런 일들이 비일비재하잖아요. 선생님이 그걸 못 참는 거죠. 완벽한 선생님은 내 눈앞에서 다 고쳐서 써야 되기 때문에 그런 일이 있는 것 같아요. 대체적으로 나도 그런 거 같고.

사회자: 그럼 우리 모두 '나는 친절한 교사일까, 불친절한 교사일까?' 각자 손을 들고 자신에 대한 생각을 나누면 어떨까요?

## 수업 교사의 고민으로 시작하기

수업 교사는 자신의 수업이 다양하게 해석되고, 새롭게 전개되는 수업 이야기에 매료된다. 이런 수업 교사에게 수업 비담은 설명을 하거나 토의 과정에 발언을 할 수 없게 제약을 두었다. 수업 교사는 협의회 초반 수업 의도를 간략히 설명하고 마지막에 협의회를 마친 소감만을 말하도록 하였다. 이는 토의 흐름이 수업 교사에게 집중되지 않고 참가자 전원에게 골고루 분산되도록, 그리고 수업 교사 스스로 방어적으로 발언하는 것을 막기 위해 의도적으로 만든 장치이다. 수업 교사는 참가자들의 말에 집중하여 듣는 과정을 통해 성찰할 수 있다. 그리고 협의회가 완전히 끝난 후 성찰 일지를 통해 자신의 수업을 되돌아보는 과정으로 성찰할 수 있다.

협의회를 여러 차례 해 나가면서 하나의 의문이 생겨났다. 대부분 수업 교사는 수업을 준비하면서, 수업 중에, 수업을 마친 후 협의회 과정에서 질문할 거리가 생기기 마련이다. 그런데 수업 교사에게는 발언권이 없다. 수업 교사의 고민이 협의회 전체 토의에서 아예 다뤄지지 않거나 비중 있게 다뤄지지 않고 넘어가는 경우에 대한 해결 방법이 필요했다. 따라서 수업 교사를 위한 토의 과정의 장치로 협의회 참가자들과 나누고 싶은 고민을 수업 교사도 칠판에 쓰게 하여 수업 교사의 질문으로부터 토의 시작하기를 제안하게 되었다.

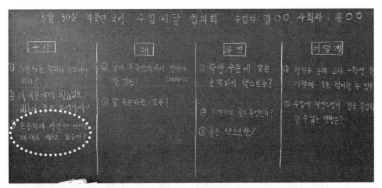

[그림 9] 수업자의 고민으로 토의 시작하기

## 누가: 조용하게 산만한 아이는 제대로 배우고 있을까?

### 수업 교사의 질문

"항상 수업을 하다 보면 조용하게 산만한 아이들이 있어요. 잘 듣는 줄 알았는데 아닌 것 같기도 한 이 아이들은 일단 조용하니까 신경을 쓰지 못하고 항상 그냥 넘어가게 되는 경우가 많아요. 그런데 조용하게 산만한 아이가 제대로 배우고 있는지 항상 의문이 들어요. 조용하게 산만한 아이에 대한 선생님들의 생각을 듣고 싶어요."

A교사: 사실 나는 조용하게 산만하니까 무시하고 내 수업을 진행할 때가 있어요. 건드리면 내 수업이 방해될 것 같아서요.

B교사: 그 아이를 건드리려는 선생님의 스타일도 생각해야 해요. 조용하게 산만한 아이들을 애달파 하지 않거든요. 일일이 끄집어 내는 것은 의미가 없어요. 아이들의 스타일이라는 마음을 가지는 것이 필요하다고 봐요.

A교사: 그런데 그것이 확산이 될 때가 있어요. 공책에 낙서하는 것이 확산되는 것처럼 말이죠.

D교사: 교사가 아이에게 집중해야 한다고 봐요. 바꿔서 생

각해 보기도 필요하고요.

C교사: 한국인이 행복지수가 낮은 이유가 스스로 반듯하게 살기를 강요하기 때문이라고 봐요. 모범적인 것을 요구하는 거죠.

B교사: 바른 태도에 대한 장황한 설명보다는 직접적인 표현과 개인적인 접근이 필요하다고 봐요.

E교사: 나는 관계로 접근해요. 그런데 이런 생각도 들어요. 굉장히 조용했는데 자기는 나름 그것이 집중하는 게 아닐까요? 굳이 다시 정형화된 집중을 왜 시켰을까요? 분위기 전환을 위해서라면 자연스러운 다른 방법은 어떤 것이 있을까요?

F교사: 맞아요. 얼핏 보면 조금 각자 행동하는 것처럼 보이는데 신기하게도 선생님 이야기를 다 듣고 있는 아이를 보았어요. 이런 행동은 예상컨대 다음 활동을 위한 주의 집중이구나 싶어요.

## 내 고민과 수업 연결하기

'내일 수업 어떻게 하지?'

'과연 이렇게 수업하는 것이 우리 아이들에게 맞는 건가?'

누구나 수업에 대한 고민을 안고 있다. 나의 고민을 누군가에게 말하고 싶지만 어떻게 말해야 할지, 언제 말해야 할지, 누구에게 말해야 할지 모른다. 그래서 혼자 고민하는 교사들은 자기류의 수업에 빠져 앞을 보지 못하거나 자신이 수업을 못하는 교사는 아닌지 자괴감에 빠지곤 한다. 수업 고민은 교사라면 누구나 매일 하는 걱정거리인 것이다. 또한 수업 전 열심히 수업 내용과 방법을 연구했지만, 막상 아이들과 실제로 진행했을 때 계획대로 되지 않는다는 것을 경험하게 된다. 실제 수업은 아이들의 돌발적인 상황에 의해 매번 어디로 튈지 모르게 살아 움직이기 때문이다. 그래서 교사들은 수업을 해 나갈수록 또 다른 수만 가지 수업 고민을 다시 갖게 되는 것이다. 의사는 수많은 임상 경험을 축적하면서 명의로 거듭난다. 교사도 마찬가지다. 수많은 아이들의 특성에 따른 수업 사례를 축적하여 수업을 설계하고 수많은 공개수업을 통해 수업 명인으로 거듭나게 된다. 그런데 명의로 거듭난 의사는 혼자서 수많은 환자의 사례를 직접 경험으로만 얻었을까? 분명 아닐 것이다. 교사들도 마찬가지다. 교사들 역시 수많은 수업 사례를 접해야 하지만 교실에서 혼자만의 수업으로 축적되는 사례는 한계가 있다.

따라서 교사들은 많은 수업을 봐야 하는데 수업을 보는 것만으로는 완전하지 않다. 내 수업 고민과 맞닿도록 동료 교사와 대화를 하면서 수업을 보는 자리가 필요하다. 우리는 수업 교사가 내보이는 수업 기술을 배우기보다 더 깊이 있게 수업을 봐야 한다.

수업하는 교사와 아이들의 상호작용과 자신과의 연결점을 찾으며 동료 교사들과의 대화에서 스스로 수업 고민을 깨쳐야 한다.

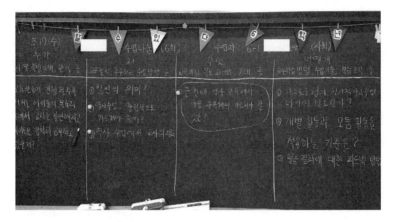

[그림 10] 토의 주제와 나의 질문 연결하기


**누가: 모둠 활동이 진행될수록 커지는 아이들의 목소리 속에서 교사는 불안하다?**

B교사: 아이들이 모둠 활동을 하는데 점점 시끄러워졌어요. 모둠 토의 시간에 활발하게 하는 것은 좋지만 진행될수록 아이들의 목소리가 커지니까 보고 있는 제가 불안해지는 거예요. 앞에 선 수업 교사는 어떨까라는 생각이 들었어요. 그 과정에서 소리가 커지는 것은 어쩔 수 없지만 자기 이야기만 하고 있는 것은 아닐까, 과연 제대로 공부를 하는 걸까

의문이 드는 거죠. 아이들을 제지하고 환기시켜야 하는 것은 아닌가라는 생각이 들었어요.

**사회자:** 평소에 선생님 고민이신가요?

**B교사:** 예, 제가 옛날 사람이거든요. 화가 나는 거죠. 저는 아이들을 조용히 시키거든요.

**사회자:** 신기한 게 남의 수업을 보는데 내 고민이 나옵니다. 다들 어떠십니까. 선생님들은?

**C교사:** 선생님은 평소에 조용한 상태에서 모둠 활동 수업을 하시나요?

**B교사:** 조용하길 원하죠. 저도 컨디션이 좋고 아이들도 좋으면 그냥 넘어가요. 그런데 컨디션이 안 좋고 이건 조용해야 하는데라는 생각이 들었을 때는 시끄러우면 조용히 시키는 편이죠.

**F교사:** 저희 모둠에서도 비슷한 이야기를 했어요. 이건 교사의 스타일이 아닌가 싶어요. 6학년은 대부분 무기력하게 앉아 있는 모습을 보이는데 이 아이들은 지나치게 시끄러울 정도로 활발하

게 협의를 하는 거죠. 이 모습을 보면서 수업하는 선생님은 기다리는 것을 매우 중요하게 생각하는 것이 아닐까 하고 모둠 선생님들과 이야기했어요.

D교사: 협동 학습이 들어온 지 15년이 넘었는데 처음에 선생님들에게 가장 저항이 있었던 부분이 모둠 활동을 맡겨 놓고 못 믿는 것이었어요. 잘하고 있는 걸까 못 믿는 거죠. 이 문제는 지금의 교사들도 갖고 있어요. 그런데 저는 교사라면 어쩔 수 없다는 생각이 들어요. 앞에 서면 아이들을 못 믿게 되는 것 같아요. 그냥 불안한 거예요. 아이들의 문제보다 교사의 문제인 거죠.

F교사: 저는 이 주제에 공감이 많이 돼요. 시끄러운 아이들을 보면 저는 조용히 시키고 싶다는 생각이 먼저 들어요. 스트레스를 받아요. 우리 반 역시 아무리 조용히 시켜도 조용히 하지 않아요. 수십 번을 말해도 그래요. 그런데 오늘 선생님들과 이야기를 나누다 보니 '아~ 이런 것들이 나의 두려움이었구나!'라는 생각이 들었어요. 저의 두려움과 불안감을 비워 나가야겠다는 생각이 들었어요.

B교사: 나와 같은 고민을 하는 선생님들이 있다는 것에 위안을 받았습니다.

## 공감하고 격려하기[1]

'나는 잘하고 있는 걸까?'

'나만 이런 고민을 하는 것은 아닐까?'

수업 비담은 내 고민과 다른 선생님들의 수업을 연결하여 봄으로써 수업 속 내 모습을 들여다보며 성찰할 수 있게 돕는다. 이를 위해서는 '나만 이런 수업 고민을 하는 것이 아니구나!'라는 수업 고민에 대한 공감이 필요하다. 또한 '잘하고 있어!'라고 격려하고 지지하는 따뜻한 분위기를 만들 수 있는 시간이 되어야 한다. 동료들이 서로 수업 대화를 나누며 지지하는 가운데 수업 전문가로서 각자의 실천적 전문성을 인정하게 되면 서로를 신뢰하는 문화가 만들어진다. 또한 동료들이 수업으로 협력해 나가는 수업 동료성으로 연결되어 결국 건강한 교직 문화를 만들어 가는 토대가 될 것이다.

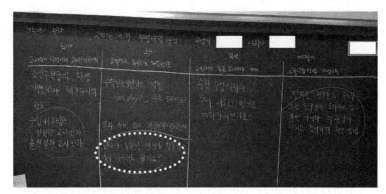

[그림 11] 토의 주제로 공감하고 격려하기

---

1. 내 고민과 수업 연결하기에서 더 나아간 단계이다.

## 왜 : 교사가 일일이 챙겨야 활동하는 아이, 버려도 될까요?

A교사: 일일이 챙겨야 활동하는 아이가 있어요. 매 시간 그래요. 이 친구를 챙기다 보면 다른 친구들을 보지 못해요. 계속 이러니까 이 아이를 일단 그대로 내버려 두고 다른 전체 친구들에게 더 집중해야 하는 것은 아닌지 고민입니다.

D교사: 교사의 교육력은 한정되어 있다고 생각하면서 저도 고민한 지점입니다. 그 아이한테만 집중하다 보니까, 하나만 건드려 줘도 확 올라가는 아이들을 두고 그 아이에게 10을 집중하니까 수업 시간에 하나도 못 건드려 주는 아이가 많이 생기는 거예요. 전에는 친절하게 일일이 10을 챙겨야 하는 아이를 먼저 챙겼는데, 이제는 교실은 공적인 공간이고 객관적인 공간이니까 '이렇게 하면 네가 이런 대접을 받을 수 있다.'는 것을 따끔하게 말하는 편이에요. 버리는 건 아니지만 굳이 내가 그 아이한테만 온전히 10의 에너지를 다 쏟을 수는 없겠다는 결론을 내리게 되었어요.

E교사: 그래도 저는 계속 일일이 그 아이를 챙길 것 같아요. 그냥 조건반사적인 거죠. 그쪽으로 눈길이 가는 내 자신을 어찌하지 못하는 거죠.

C교사: 음~ 저는 전담인데, O학년 수업 시간에 OO와 △△의 경우가 그래요. 그 두 아이에게 집중하다 보면 다른 아이들이 보이지 않는 거예요. 그리고 전담 수업은 정해진 그 시간에 딱 해야 하는데 이러다 수업이 끝나지 않겠구나 싶기도 했고요. 그래서 어느 선까지는 그 친구들 쪽을 의식적으로 안 보려고 노력해요. 시간으로 계산하면 10분 중에 9분은 그 아이들을 안 봐요. 일부러 마지막에 다시 그 아이들한테 집중해요. 저는 우리가 아이들 하나하나를 바라보는 시간 배분을 잘해야 하지 않을까 싶어요.

B교사: 저도 공감해요. 우리 반은 성격이 조금 다른 경우이긴 한데 일일이 챙겨야 하는 OO이가 학급 전체에 미치는 영향력이 너무 큰 거예요. 오늘은 너무 심하게 옆 친구를 괴롭히고 계속 건드려서 이렇게 말했어요. "너도 우리 반에서 정말 중요해. 그런데 열심히 듣고 싶어 하는 22명의 아이들 모두가 중요해. 그래서 선생님은 지금 네가 하는 말을 듣지 않을 거야." 그랬더니 "아~ 왜요?" 이러는 거예요. 하지만 제가 그 말 자체도 들리지 않는 척해 버렸어요. 그리고 그냥 수업을 진행했고요. 그 아이는 억울해했지만 저는 수업을 그렇게 해 나갔어요.

## 4단계: 수업 나눔으로 내가 배운 것 나누기

아이들은 서로에게 배운다.
교사 역시 마찬가지다.
우리는 서로에게서 배워야 한다.

교사들에게는 수업 공유에 대한 개방적 자세와 수업 대화 능력이 필요하다. 수업 교사를 포함한 참가자 전원은 수업 보기와 더불어 수업 비담에 적극적으로 참여하는 과정에서 성장할 수 있다. 수업 교사의 수업 그 자체에서 배우는 것도 중요하지만, 적극적으로 협의회에 참여하며 그 속에서 참가자 각자가 서로 어떠한 성찰의 단계로 나아가는지에 더 주목해야 한다.

수업 비담은 '수업 나눔으로 내가 배운 것 나누기'로 마무리된다. 이는 참가자와 수업 교사의 성찰을 모두 듣는 단계로 참가자 전원이 협의회 과정을 통해 오늘의 성찰 지점을 나누는 것을 말한다. 수업 비담을 통해 펼쳤던 생각들을 모으고 정리하며 자신의 것으로 만든다. 또한 자신이 수업 속에서 활용하고 싶은 것, 느낀 점, 생각의 변화, 고민을 정리하는 계기가 될 수 있다.

[그림 12] 수업 나눔을 통해 내가 배운 것 나누기


### 참가자 소감 말하기

"처음에는 수업 기술만 보였어요. 당장 교실에 가서 써먹을 게
뭐가 있나 배우려고만 했죠. 그런데 수업 비담은 수업 교사의 수
업에서 출발해 각자 수업 고민을 내놓으며 교육에 대한 근원적인
물음으로 이어지는 거예요. 이런 수업 대화에 내가 주인공으로
참여하는 거죠. 신기했어요. 협의회 자리가 오늘의 수업에 대한
칭찬과 비판에 그치는 것이 아니라 함께 교육철학을 논할 수 있
는 자리구나 싶어서 새삼 놀랐어요. 우리는 수업을 고민하는 교
사구나라는 공감과 더불어, 이런 자리라면 언제든지 내 수업도 내
놓으며 수업 이야기를 다시 하고 싶다는 생각을 했어요."

아이들이 매일 성장하듯 교사도 마찬가지이다. 수업에서 의미
있는 경험과 실천 사례를 동료 교사들과 함께 나누는 과정에서

교사는 보다 실제적으로 성장한다. 그렇다면 일련의 수업 대화 능력이 발휘되는 수업 비담 과정이 참가자 개인에게는 어떤 의미로 남게 될까? 협의 과정에서 울림이 있었던 지점은 어디였을까? 어떤 생각의 변화가 일어났을까?

아이들이 서로에게 배우듯 교사들 역시 서로에게서 배우게 된다. 수업 대화 과정에서 각자 갖게 된 의미와 생각의 변화를 정리하며 모두에게 내놓는 이 마지막 소감 나누기 과정이 바로 참가자가 갖게 되는 성찰의 시간이 된다.

이러한 참가자의 소감 유형은 크게 2가지로 구분된다. 먼저 오늘 본 수업 보기 중심 말하기다. 수업 안에서 내가 활용하고 싶은 것을 발견할 수 있다. 수업 기술, 수업 내용 등 수업 교사와 수업에서 배운 것을 중심으로 참가자 소감을 말할 수 있다. 다음으로 본격적인 협의회 과정에서 참가자 본인이 주목하고 성장한 지점 말하기다. 참가자는 적극적으로 협의회에 참여한 만큼 성장한다. 질문하는 사람, 수업 고민을 내놓는 사람이 결국은 답을 찾게 된다. 따라서 협의회 과정에서 자신이 성장한 지점, 깨친 생각을 중심으로 참가자로서 소감을 말할 수 있다.

이 단계는 참가자 전원이 참여하는 것이 가장 좋다. 오늘 배운 것을 중심으로 짧게 개별 소감을 말하는 것이다. 이때 사회자는 지금까지 발언을 많이 하지 않았던 참가자에게 먼저 말할 기회를 줄 필요가 있다. 시간이 부족하면 의미 있는 몇 사람을 지명할 수 있다. 예를 들어 경력과 연령별 대표성을 지닌 사람, 수업 비담 경험이 있는 사람, 처음 참여하는 사람을 선정할 수 있다.

- 수업 이야기를 나누면서 역사 수업에 대해 다시 생각해 볼 수 있었던 시간이 되어서 좋았어요.

- 여러 선생님들 말씀하시는 것을 들으면서 교사가 수업을 하면서 수업 교사만의 의도를 갖고 수업을 해야겠다는 생각을 들었어요. 저는 지금까지 교사용 지도서에 충실한 수업만을 한 것은 아닐까 싶어요. 나의 수업을 남에게 맡기고 있는 것은 아닐까라는 생각과 더불어 많은 생각을 한 시간이었습니다.

- 오늘 처음 수업 비담에 참여했는데 선생님들이 다양한 생각을 가지고 수업을 열심히 하고 있다는 것을 알게 되었어요. 교사의 생각이 바뀌어야 수업이 바뀐다는 것을 새삼 깨달았어요.

- 수업 나눔을 어떻게 하는지 함께 참여해 보니, 공개하는 수업 자체를 나누는 것이 중심이 아니라 우리 참가자들의 고민을 가지고 집중적으로 이야기 나누는 것이 좋았습니다.

- 저는 오늘 1번 질문에 공감이 많이 되었어요. 다른 선생님들의 말씀을 들으면서 우리 반 아이들에 대한 나의 불안감

과 두려움을 알아차리게 된 시간이었어요. 두려움과 불안감을 떨쳐 나가야겠다는 생각이 들었습니다.

- 역사 교육을 하면서 가르칠 것이 많다는 고민을 예전에 했었는데, 요즘의 선생님들도 역시 저와 비슷한 고민을 한다는 것을 알게 되어 신기했습니다.

- 나만의 주관적인 껍질이 있다는 것을 알아차렸습니다. 오늘 협의회 과정에서 껍질이 깨지는 느낌을 받았습니다.

- 나의 고민에 동감해 주는 선생님이 있어서 든든함을 느꼈어요.

- 시끄러웠다는 이야기가 많이 나왔는데 저는 시끄러운 줄 전혀 몰랐거든요. 같은 상황을 분명히 봤는데 관점이 완전히 다르다는 것을 알게 되어 충격이었어요.

- 수업 내공이 수업 나눔을 통해 성장하고 있다는 생각이 들었습니다.

## 수업 교사의 소감 나누기

수업 교사는 어떤 생각의 변화가 왔을까?

수업 교사는 어떤 지점에서 깨달음이 왔을까?

수업 교사의 고민은 어느 정도 풀렸을까?

수업 교사가 내놓는 수업은 수업 비담의 동기 유발 자료 및 관찰과 토의 자료가 된다. 이러한 귀중한 수업을 제공하는 수업 교사는 협의회에서 말하기보다는 기록하며 듣기를 중심으로 참여한다. 계속 집중해서 들으며 첫 번째 성찰의 시간을 갖게 되는 것이다.

수업 교사는 동료들의 대화 과정을 깊게 들으며 내 수업을 새롭게 바라보게 된다. 수업 고민을 다시 하는 경험과 더불어 생각의 변화를 느끼게 되는 것이다. 따라서 수업 비담으로 변화된 수업 교사의 시선과 생각을 공유하게 만드는 단계가 바로 '수업 교사의 소감 나누기'이다. 이러한 수업 교사의 소감을 끝으로 협의회에 참가한 구성원들은 오늘의 협의회를 다시 한 번 되새기게 될 것이다.

K수업 교사 소감: 내가 미처 바라보지 못한 수업에 대한 또 다른 관점을 생각하는 기회를 가지게 되었습니다. 학생들에게 내가 의도하고 있는 성취에 대한 욕심이나 활동에 대한 의욕을 버젓이 드러내는 나를 되돌아보며 수업을 오롯이 아이들에게 넘기는 성장한 모습의 나를 기대한 시간이 되었습니다. 감사합니다.

L수업 교사 소감: 황석영 작가가 한 이야기가 생각납니다. 시

를 그냥 썼다고 합니다. 시를 쓰기 시작하기 전, 쓰면서, 끝내고 나서 자기 나름으로 그 시에 대한 생각은 담았다고 합니다. 그런데 나중에 보니 그 시를 수많은 사람이 읽고 특히 교과서에 실리면서 그 시를 가지고 해석하는 사람들이 생겨났는데, 재미난 건 자신이 생각하지도 못한 대단한 의미를 붙여 놓았다고 합니다. 시인이 생각지도 못한 것에 대해서 말입니다. 그래서 재밌다고 한 인터뷰를 본 적이 있습니다. 분명 시를 쓴 것은 자신인데 그 시가 독자로 하여금 다양한 생각을 떠올리게 한 거죠. 수업 협의도 그러하지 않을까라는 생각을 오늘 했습니다. 나는 수업을 그냥 했습니다. 물론 수업을 하기 전 고민을 했고 이를 펼치려 노력했지만요. 그런데 수업이 끝나고 나서 마음이 불편했습니다. 뭔가 잘못되었다는 생각도 들었습니다. 그래서 선생님들이 어떤 시선으로 보게 될까? 협의 과정에서 어떤 해석이 나올까 더 궁금했습니다. 협의 내내 동료들의 수업에 대한 시선을 느끼고 싶어 더욱 집중해서 들었습니다. 관찰한 사실을 가지고 이야기를 할 때는 특히 깜짝 놀라기도 했습니다. 내 수업에서 내가 망각한 부분을 정확히 찾아 분명히 짚어 주며 이야기를 해 주셨기 때문입니다. 수업 협의 과정에서 수업 교사로서 저는 말을 하지 못합니다. 말을 못 하는 답답함보다 들으며 생각하는 기쁨을 이번 수업 협의에서 느꼈습니다.

# 3장. 수업을 바라보는 4가지 관점

《가르칠 수 있는 용기》의 저자인 교육 철학자 파커 파머는 지금까지 수업을 교육과정과 교수·학습방법의 문제로만 접근한 것의 한계를 지적하면서, 수업을 교사의 교육철학과 교사의 정체성의 문제로 접근해야 본질적인 문제해결의 방향을 찾을 수 있다고 말한다.

이와 같은 관점에서《수업을 바꾸다》의 저자 김현섭은 '누가', '왜', '무엇', '어떻게'의 4가지 관점에서 수업을 바라보는 수업 코칭 과정을 연구 실천하고 있다. 수업 비담은 이러한 철학과 관점에 동의하면서 수업 협의회에서 수업을 바라보는 방식에 이를 적용하였다. 수업을 보면서 관찰한 내용과 해석을 바탕으로 스스로 질문을 만들고, 이를 4가지 관점으로 구분하여 각자 협의록에 기록한 후 판서하도록 하였다. 그렇게 정리하자 수업을 보는 관점이 한눈에 비교할 수 있게 드러나, 서로의 생각을 공유하고 자연스러운 토론으로 이어지는 효과가 있었다.

[그림 1] 참가자들이 만든 토의 주제를 4가지 관점으로 구분하여 판서하는 모습

4가지 관점 중 우리 교사들의 가장 흔한 접근 방식은 '어떻게 (how)'에 대한 것이다. 잘 가르치려면 어떤 방법과 기술이 필요한가? 경력이 낮은 교사일수록 단시간에 학생들의 주의를 집중시키는 방법과 같은 구체적이고 실용적인 요령들을 알고 싶어 한다. 그래서 '어떻게'에 해당하는 다양한 교수·학습 방법들은 언제나 새롭고 흥미롭게 다루어져 왔다. '누가(who)'와 '왜(why)'에 해당하는 질문들은 많은 시간과 논쟁이 필요한 부분이었고, '무엇 (what)'에 해당하는 가르칠 내용은 주어진 교과서와 교육과정에 따르면 되는 것이었기 때문이다.

지금까지 '어떻게' 중심으로 수업을 보아 왔던 우리는 이 4가지 관점으로 수업을 균형 있게 바라보려는 노력을 시작했다. 처음에는 '어떻게'의 관점만 많이 나왔고 '누가'의 관점은 전혀 나오지 않았다. 하지만 수업 비담이 거듭되면서 점차 '어떻게 → 무엇 → 왜 → 누가'의 관점으로 한 단계씩 확장되었다. 왜냐하면 처음에는 '어떻게'와 '무엇'에 대한 문제로 접근하였으나 결국 그것은 교사의 철학과 교사 특성, 학생 특성에 의해 결정되는 것임을 알게 되었기 때문이다.

[그림 2] 4가지 관점의 토의 주제를 판서한 모습

# 누가(who): 교사, 학생 그리고 그들의 관계

우리가 흔하게 묻는 질문은 '어떻게'와 '무엇'이다. '어떻게'와 '무엇'에 해당되는 질문들은 비교적 쉽게 접근할 수 있고 쉽게 답할 수 있다. 서로의 내면을 건드리지 않기 때문이다. 서로의 내면을 드러내는 일은 어쩌면 위험한 일이기도 하다. 그래서 우리는 수업에서 '누가'라는 질문은 거의 하지 않는다. 처음부터 '누가'의 문제로 수업을 접근하기란 쉽지 않다.

## 교사는 누구인가?

파커 파머(2016)는 교사 스스로 자기 자신을 안다는 것은 교과 지식을 알고 학생을 이해하는 것만큼이나 중요하다고 말한다. 만약 교사가 자기 자신을 잘 모른다면 학생 또한 제대로 볼 수 없고 교과 내용 또한 의미 있는 구체적 해석이 불가능하기 때문이다. 교사의 성별, 성장 배경, 기질과 성향은 수업 속에서 잠재적 교육과정으로 영향력을 가진다. 활동적이고 외향적인 교사는 놀이 수업을 좋아하고 또한 잘할 수 있다. 반면 논리적이고 내향적인 교사는 토론 수업을 좋아하고 또한 잘할 수 있다. 이처럼 교사로서 자신의 성향에 맞는 교수 방법을 찾는 것은 매우 중요하다. 교사로서 개인적·사회적인 특성은 수업 속에서 잠재적 교육과정으로 드러나게 되며, 때로 이것은 교과 교육과정 이전에 또는 이후에도 더 오랫동안 수업에서 작용하게 된다고 한다. 교사 자신이 추구하는 교육철학, 교육과정, 교수법 이전에 이미 교사 그 자체로서 수업의 가장 중요한 자료로 드러나게 되어 있다는 말이다.

'누가'라는 관점으로 수업을 이야기하다 보면 자신의 모습을 스스로 알아차리게 된다. 수업 속에 나타난 말과 행동을 통해 그동안 알지 못했던 자신의 모습을 발견하게 되고 무엇이 문제인지도 찾아낸다. 그리고 협의회의 공동 사고를 통해 문제해결의 지혜를 이끌어 낼 수 있다.

교사의 힘은 교수 방법과 교사의 정체성이 일치할 때 가장 강력하게 발휘된다고 한다. 각자가 가진 강점을 살릴 수 있는 수업을 찾아 가장 자기다운 수업을 할 때 교사도 학생도 모두 행복한 수업을 만들어 낼 수 있을 것이다.

### 아이들은 누구인가?

교실에는 다양한 아이들이 있다. 같은 나이의 아이들이 한 교실에 모여 있지만 그들의 속을 들여다보면 한 명 한 명 모두 다른 특성을 가지고 있다. 천천히 자라는 아이도 있고 빨리 자라는 아이도 있다. 어떤 아이들은 이해를 한 후 활동을 하지만 활동을 해 본 후 개념을 이해하는 아이도 있다. 교사에게 감동과 희망을 주기도 하지만 때로는 상처와 절망을 주기도 한다. 제멋대로 하는 것처럼 보이다가도 어떤 순간에는 어른보다 나은 순수한 분별력을 가지고 놀라운 방법으로 배운다.

시시때때로 변하고 언제, 어디에 있느냐에 따라 새로운 가능성을 보여 주는 이런 복잡하고 변화무쌍한 아이들을 어른인 교사가 모두 이해하고 예측하고 수업을 한다는 것이 절대 쉬울 리가 없다. 같은 주제라도 아이들의 특성에 따라 강의식 수업이 좋을 수도 있고 참여식 수업이 좋을 수도 있다.

교실에서 교사와 아이들은 저마다 다른 방식으로 관계를 맺는다. 그것은 수업에서 나타나는 여러 가지 비언어적 방식(허용, 기다림, 미소, 거리 두기, 시선, 동선 등)으로 나타난다. 교과 지식에 충실한 교사도 있고 학생을 충실하게 이해하는 교사도 있다. 아이들에 대한 수용성이 높은 교사도 있고 상대적으로 낮은 교사도 있다. 질서와 규율이 잘 잡힌 교실에서 잘 배우는 아이가 있기도 하지만 그 엄숙함에 긴장하여 배움이 경직되는 아이도 있다. 반대로 자유로운 교실에서 잘 배우는 아이도 있지만 그 허용을 마음대로 넘어 배움에 나태해지기도 한다. 교실이라는 공간에, 수업이라는 시간 속에 각자 존재하는 방식과 관계를 맺는 정도에 따라 수업은 이해되고 해석되어져야 하지 않을까?

● 협의회에서 선생님들과 함께 나눈 '누가'에 대한 질문과 토의 주제

관계 세우기와 질서 지키기, 어떻게 균형을 맞출까?

아이들이 자연스럽게 몰입하는 때는 언제인가?

학생들이 서로 돕는 관계는 어떻게 만들어지는가?

교사의 나답게는 수업에서 어떻게 발현되어야 하나?

교사의 색깔과 아이들의 색깔을 살리는 수업은 어떠해야 하나?

아이들의 이름을 하나하나 불러 주는 것의 의미는?

재미있는 것만 하려고 하는 아이들을 어떻게 이해해야 하나?

기다려도 달라지지 않는 아이는 어떻게 해야 하나?

조용하나 집중하지 않는 아이는 어떻게 해야 하나?

함께 공부하기를 통해 아이들이 배우는 것은 무엇일까?

서로를 비난하는 아이들의 정서는 어디에서 비롯될까?

수업 중 자기주장을 계속하는 아이의 심리는 무엇일까?

교사와 학생과의 갈등 상황에서 교사가 평정심을 잘 유지하려면 어떻게 해야 하나?

아이들이 고도로 경청하는 순간은 언제인가?

선행 학습한 아이와 함께 배우는 수업을 만들려면?

교사가 덜 가르치고 아이들이 더 배우게 하려면?

전담 교사와 아이들과의 관계는 어떻게 개선될 수 있나?

수학 보조 교사, 학생, 담임교사와의 관계 맺기는 어떻게 해야 하나?


## 왜(why): 교육철학

"아이들에게 교사가 주는 보상이 필요할까요?"

수업에서의 보상 문제는 교육철학과 관련하여 가장 흔하게 나오는 질문이다. 보상에 대한 찬반 논쟁을 하다 보면 흔히 경쟁과 협동에 관한 교사의 철학이 드러나게 된다. 만약 교사가 행동주의에 기반한 교육철학에 따른다면 보상의 효과를 강조하며 좋았던 활용 사례들을 이야기할 것이다. 따라서 수업 후에는 결과 중심의 성취도 평가를 통해 객관적 지식에 대한 양적 평가를 계획할 것이다. 그러나 교사가 구성주의 철학의 관점을 가지고 있다면 아이들의 내발적 동기에 의한 협동과 협력의 과정에 초점을 맞추고 보상보다는 자발적인 학습을 강조할 것이다. 따라서 평가 또한 과정 중심의 수행형 평가를 통해 질적 평가를 진행할 것이다. 이것은 어느 한쪽을 옳다 그르다로 판단하려는 것이 아니라, 수업을 바라볼 때 그것의 이면에 숨겨진 의도와 의미를 바라볼 수 있어야 한다는 말이다. 그리고 그 과정을 통해 수업을 표면적으로 바라보는 것을 넘어 좀 더 심도 있는 내면을 성찰할 수 있기를 바란다는 의도이다.

'왜'에 대한 토론은 교사관, 학생관, 지식관, 추구하는 수업 방향과 같은 교육철학과 관련되어 있다. 교육철학은 쉽게 다루기 어려운 영역이다. 그래서 표면적으로 수업을 보는 협의회 초기 단계에는 '어떻게'와 '무엇'을 중심으로 이야기하게 되고 수업에 대한 논의의 단계가 더욱 깊어졌을 때 '왜'라는 질문이 나오게 된다. '왜'라는 질문을 통해 비로소 수업을 깊이 들여다보게 되고 수업 이면에 숨겨진 것들을 찾아내, 수업 교사가 어떤 의도를 가지고 발문을 하고 모둠을 조직하고 수업 자료를 제공했는지 알 수 있게 된다. 그리고 의도하지는 않았지만 나타난 사실들에 대하여 다시 해석하게 되고 그 의미를 찾아갈 수 있다. 수업 행위에 대한 옳고 그름이 아니라 다양한 교육철학들이 드러나 서로가 다른 교육관을 인정하고 수용하고 때로는 반론하면서 다시 처음으로 돌아가 겸허히 성찰하는 것이 중요하다. 이러한 경험을 통해 '내 생각만 옳은 것이 아니구나!'를 깨닫고 인식의 폭이 더 넓어지고 더 깊어지는 통찰을 얻게 될 것이다.

'왜?'라는 질문은 때로 수업과 수업 교사 전체를 흔들어 놓기도 한다. 그 흔들림을 통해 수업 교사는 스스로를 진지하게 돌아보게 되고 한 단계 더 성장할 수 있는 기회가 된다. 우리 교사들이 수업에서 경계해야 할 것은 스스로 정답을 정하고 변화를 거부하는 것이라고 생각한다. 변화를 거부하는 순간 성장은 멈춘다. 많은 사람이 수업에는 왕도가 없다고 하면서도 그래도 쉬운 길이 있을 거라 기대하고 찾는다. 하지만 아이들은 변화무쌍하고 지식 또한 끊임없이 확대 재생산되고 있다. 그 변화에 현혹되거나 변화를 외면하면 수업이 가야 할 지향점을 놓치기 쉽다. "왜 가르치는가?"에 대한 질문을 통해 본질적인 지향점을 놓치지 말아야 할 것이다.

'왜'라는 질문은 '목적'을 생각하게 한다. 목적이란 우리의 생각을 안내하는 것이고 우리가 수업에서 가르치고 배우는 것에 대한 동기와 이유를 부여한다. 목적과 지향점을 분명하게 인식하고 있을 때 내용(무엇)과 방법(어떻게)의 계획, 결정이 더 쉬워지고 가치 있을 것이다.

'왜' 가르치는가에 대한 관점으로 이야기를 나눔으로써 교사들은 수업 시간에 자신이 가르치는 수업이 보다 큰 목표와 어떻게 연결되는지 스스로 깨닫게 된다.

교육과정 재구성과 프로젝트 수업에 대한 다양한 연구와 실천이 따르면서 교육은 삶 자체를 지향해야 한다고 강조되고 있다. 수업목표가 서로서로, 그리고 더 큰 과정의 목표뿐 아니라 삶의 거대한 중심적인 목적과 어떻게 연계되는지를 생각하여야 할 것이다. 교육의 목적에 비추어 우리가 학교에서 수업을 통해 계속적으로 질문하고 논의해야 할 문제는 무엇일까?


● 협의회에서 선생님들과 함께 나눈 '왜'에 대한 질문과 토의 주제

　수업에서 교사는 왜 주로 칠판 앞쪽에 위치하고 있는가?

　정답을 말하는 수업과 오답이 살아 있는 수업은 어떤 차이가 있는가?

　제대로 배우기와 즐겁게 배우기의 기로에서 어떤 선택을 해야 하나?

　삶과 연결되는 수업이란 어떤 수업일까?

　가르쳐 줄 것인가? 찾아내게 할 것인가?

　수업 교사의 관점은 중립적이어야 하나?

　수업 시간에 재미있는 활동과 진지한 배움을 어떻게 공존시킬 것인가?

아이들이 즐겁게 참여했으나 수업목표에는 도달하지 못한다면?

교육과정의 재구성 및 프로젝트 수업의 의도는 무엇인가?

모둠 활동을 통해 추구하는 것은 무엇인가?

학급살이와 수업 내용을 연결시켰을 때 어떤 시너지를 가져오는가?

과학 탐구 활동 수업 이후 결과 정리는 꼭 일반화 단계까지 도달해야 하나?

저학년 수업 시간에 아동의 학습 태도와 학습내용 지도 중 어디에 중심을 두어야 할까?

고학년 기초 기본교육의 중점 사항은 무엇일까?

잘못된 수업 태도를 지적하여 얻는 것이 많을까? 잃는 것이 많을까?

호기심을 장난이 아닌 탐구하는 자세로 발전시키려면 어떻게 지도해야 할까?

교실 공간과 1인 교사의 한계 속에서 교육과정 재구성의 시도는 어디까지 가능할까?

놀이로 수업을 디자인할 때 어떤 교육적 고려가 필요할까?

교육의 고유성과 진보성, 고전적 교수법과 최신 수업 트랜드 비교.

수업에서 도입 · 전개 · 정리의 단계가 꼭 필요한가?

모두가 참여하는 수업, 완전 학습을 가능하게 하는 조건은 무엇일까?

최종적으로 학생들 각자의 생각으로 수업을 마무리하는 경우 배움은 각자의 몫인가?

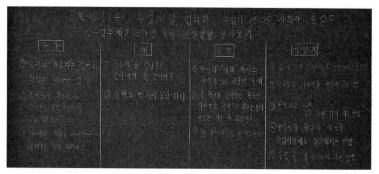

[그림 3] 수업 비담 협의회 3학년 국어 수업 토의 주제

## 무엇(what): 교육과정

기존에는 '무엇'을 가르칠 것인가에 대한 권한이 교사에게 주어지지 않았다. 그러나 2009 개정 교육과정 도입 이후 교사의 교육과정 재구성 능력이 점점 중요해지고 있다.

'무엇'에 대한 수업 보기는 수업 시간에 다루어지는 학습내용에 관한 것이다. 일반적으로 수업은 학습목표를 설정하고 교사가 그 목표를 성취하기 위한 활동들로 구성된다. 교육과정의 상위 목표(성취기준)를 찾아 각 수업에 알맞은 교재와 자료를 선택하는 일은 매우 중요한 과정이고 교사의 전문성이 발휘되는 부분이다.

맛있는 요리를 만들기 위해서는 요리 방법을 아는 것도 중요하지만 가장 중요한 것은 좋은 재료를 구하는 일일 것이다. 시장에 직접 나가 사온 싱싱한 재료로 만든 해물탕과 냉동실에서 꺼낸 재료로 만든 해물탕의 맛은 비교할 수 없다. 이와 같이 수업에도 아이들의 생활과 맞닿아 있는 매력적인 수업 자료들을 찾아 사용하는 것이 매우 중요하다. 교과서에 제시된 자료는 시간적, 공간적으로 아이들과 괴리되어 있는 경우가 많다. 마치 냉동실에서 꺼낸 재료들로 맛있는 음식을 만들 수 없듯이 이미 화석화되어 버린 교과서로 좋은 수업을 기대하는 것은 무리가 있다.

같은 내용이라도 교사가 무엇을 통해 목표를 추구하는가에 따라 과정과 결과는 달라진다. '교과서를 가르칠 것인가? 교과서로 가르칠 것인가?'라는 고민들이 있다. 예를 들어 역사 시간에 '역사적 사실을 배우는 것'과 '역사를 통해 배우는 것'은 어떻게 다를까?

만약 교사가 더 많은 역사적 사실을 암기하고 체계적인 지식 구조를 가지는 것을 더 중요하게 생각한다면 수업은 일제식으로 진행될 것이다. 그리고 많은 정보를 효율적으로 전달하기 위해 화려한 프레젠테이션 자료를 많이 사용하고 학생들의 집중력을 흐트러지지 않게 다양한 시도들을 할 것이다.

그러나 역사 수업을 통해 시대와 인물에 대한 상상력이나 스스로 탐구하는 문제해결력을 기르는 것을 목적으로 한다면 교사는 교사 안내 자료를 줄이고, 대신 아이들 스스로 자료를 조사하게 하고 역할극 활동이나 토론 활동을 하게 할 것이다. 결국 무엇을 가르칠 것인가의 선택은 교사의 교육철학에 근거하여 나오는 것이다. 또한 무엇을 가르칠 것인가의 선택은 어떻게 가르칠 것인가의 방법을 결정하는 데에도 영향을 주게 된다. 무엇을 가르칠 것인가를 고민할 때, 교사가 가르치는 내용에 대해 많이 알고 있다면 더 잘 가르칠 수 있을 것이다.

그러나 교과의 범위는 너무 넓고 복잡해서 교사가 아무리 연구를 많이 한다고 해도 늘 부분적으로 알 수밖에 없다. 또한 여전히 교사는 교육 내용을 스스로 만들고 결정하는 데 제약을 받고 있다. 왜냐하면 교육과정과 교과서라는 따라야 할 상위 문서가 존재하고 공교육에서 교사 개인이 이런 표준에서 벗어나는 것은 상당한 용기와 책임이 따르는 일이기 때문이다. 그래서 교사는 교육 내용을 결정하는 문제를 고민하기보다는 정해진 내용을 효율적으로 잘 전달하는 역할에만 머물고 있었는지도 모른다. 그러므로 무엇을 가르칠 것인가를 고민하고 선택할 때 동료 교사들과 전문적 학습공동체 안에서 함께 고민하고 해결하려는 적극적인 노력이 필요하다.

수업에서 무엇을 가르칠 것인가에 대한 다각적인 논의는 수업을 단순히 학습내용의 전달로 보는 관점에서 벗어나 의미 있는 학습 경험을 구성하고 재구성하는 관점으로 나아가야 할 것이다. 그리고 지식의 변화와 정보의 범람 속에서 불확실한 정보들을 활용하여 자신의 결론을 도출할 수 있는 역량을 이야기하는 데까지 나아가야 한다.

● 협의회에서 선생님들과 함께 나눈 '무엇'에 대한 질문과 토의
주제

성취기준과 아이들의 삶을 연결 짓기 위해서 무엇을 가르쳐야
할까?

학생들의 질문으로 수업을 시작한다면 어떤 기준으로 선택해
야 할까?

불완전한 자료를 주는 의도와 효과는 무엇인가?

학생의 오답을 수업에 끌어들일 수 있는 방법은?

아이들과 교재와의 만남, 아이들과 아이들의 만남을 통해 무엇
을 배우나?

교과의 특성과 관련하여 아이들이 진짜 배워야 할 것은 무엇일까?

아이들이 다음 차시 수준까지 이미 알고 있는 경우 미리 가르
쳐도 될까?

텍스트를 글로 제시하는 경우와 영상으로 제시하는 경우 그 효
과는?

책 읽기의 학습 주제는 성취 기준에서 가져와야 하나? 아이들
삶에서 가져와야 하나?

학습지는 수업에서 걸림돌인가? 디딤돌인가?

지적 갈등을 주는 도전 과제는 어디서 가져오는 것이 좋을까?

문학적 상상력의 바탕은 무엇이며 수업 중 어떻게 발휘할 수
있게 할 것인가?

프로젝트 학습을 통해 교사가 의도하는 것과 아이들이 얻을 수

있는 역량은 무엇일까?

역량과 성취기준, 방법과 내용 중 어느 것에 더 비중을 두어야 할까?

교육과정의 성취기준이 학생들과 맞지 않을 때는 어떻게 조절해야 할까?

놀이 수업에서 아이들이 배우는 것은 무엇일까? 학습적으로 유의미하려면?

반응 중심 수업에서 아이들에게 휘둘리지 않고 중심을 잡으려면 어떻게 해야 할까?

단원 첫 차시에서 중요하게 다루어야 할 것은 무엇일까?


## 어떻게(how): 교수·학습 방법

어떻게 가르칠 것인가는 교사들이 가장 많이 관심을 갖고 있는 부분이다. 관련하여 배울 수 있는 연수 기회는 충분히 있어 왔으며 마음만 먹으면 다양한 책과 인터넷 자료 검색을 통해서 비교적 쉽게 얻을 수 있다.

그러나 한편으로 교수·학습 방법은 유행에 아주 민감하여 항상 새로운 것을 도입하게 한다. 협동학습, 스마트 수업, 배움의 공동체, 거꾸로 수업, 하브루타 수업 등 다양한 교수·학습 방법들이 학교 현장에 들어왔다가 사라지는 것을 반복한다. 교사들은 새로운 것을 배우러 다니느라 피로하거나 배우지 못해 뒤처지는 불안감을 가지고 산다.

그러나 중요한 것은 교사의 자기 정체성에 가장 적합한 교수 방법을 찾아 적용하는 것이다. 교사의 경력, 성별, 성향에 따라 활용할 수 있는 방법이 다를 것이며, 아이들의 특성과 지역 환경에 따라서도 다를 것이기 때문이다. 그러므로 다양한 교수 · 학습 방법들을 섭렵하고 실천을 통해 자기화하여 교실 상황에 맞게 적용해 보자.

특히 초등학교에서는 학습내용만큼이나 학습 방법을 선정하는 것이 매우 중요하다. 그러나 학습 방법에만 지나치게 집중하다 보면 화려한 활동만 있고 배움이 없는 수업을 만들 수도 있다. 학습내용과 잘 연결된 학습 방법을 선택하여 조화시키는 것이 중요하다.

'어떻게'의 관점으로 이야기를 하면 소소하지만 생생한 노하우와 사례들이 소개되면서 협의회가 활기를 띠게 된다. 경험적으로 검증된 선배 교사의 수업 기술에서부터 후배 교사의 최신 수업 기기 활용법까지 다양한 정보들이 공개되고 공유된다. 이러한 것들은 대학에서도 가르쳐 주지 않고 책에도 없는, 살아 있는 실천적 지식들이다. 그래서 수업 비담에서는 다양한 경력의 다양한 개성을 가진 교사들이 모였을 때 더 풍성한 이야기를 나눌 수 있다.

《수업 사례로 배우는 수업기술의 법칙》을 쓴 한형식은 교사는 만 원을 지폐로 들고 있는 사람이 아니라 백 원짜리 동전으로 바꾸어 들고 있어야 한다고 말했다. 교사는 교과 내용에 대한 이론적인 지식을 갖추되 혼자 아는 것이 아니라 그것을 아이들 눈높이에 맞는 구체적인 교수 · 학습 방법으로 제공할 수 있어야 한다는 뜻일 것이다.

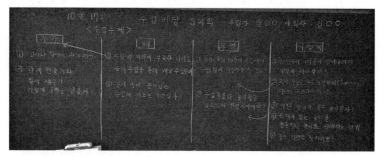

[그림 4] 4가지 관점 토의 주제 연결망

● 협의회에서 선생님들과 함께 나눈 '어떻게'에 대한 질문과 토의 주제

구체물을 사용하여 수 개념을 지도하는 것의 효과와 한계?

구체적, 조작적 사고에서 추상적 사고로 발전하는 과정은 어떠할까?

연산 수업에서 귀납적 방법이 좋을까? 연역적 방법이 좋을까?

예시 자료 제시와 시범 보이기의 득과 실의 사례.

칠판을 통해 아이들과 소통하고 교류하고 참여하게 하는 방법.

학습장 쓰기의 적절한 양과 지도법, 교사의 피드백 시점.

공책 검사를 해야 할 때는 언제이고 어떻게 밀리지 않고 할 수 있을까?

배움에서 도주하는 아이들을 다시 배움으로 끌어들이는 방법은?

잘 듣게 하려면 어떻게 해야 할까?

수업의 흐름을 방해하는 아이를 부드럽게 제지하는 방법은?

아이들을 편안하고 자유롭게 안정시키는 교사의 태도는 구체적으로 어떤 것일까?

체육 준비운동처럼 수학 준비운동, 국어 준비운동을 한다면 어떤 방법이 있을까?

다인수 학급에서 많은 아이의 의견을 합리적으로 수렴하는 방법은?

모둠 간의 교류 활동은 어떻게 더 활발해질 수 있을까?

모둠 협의 주제의 적정 수준과 적정 활동 시간은?

교사가 모둠 협력을 돕는 방법, 순회 지도의 정석은?

아이들의 반짝이는 대답을 수업에 끌어들이는 기술과 발문법

수업에 방해되는 아이들의 말을 상처 주지 않고 끊는 방법.

아이들 간의 속도 차를 줄일 수 있는 방법은 무엇일까?

배움을 촉진하는 효과적인 짝(모둠) 구성 방법은 어떤 것일까?

빨리 하는 아이와 늦게 하는 아이, 어떻게 조절할 수 있을까?

함께 읽는 음독과 혼자 읽는 묵독의 효과 비교.

문자(좌뇌)와 그림(우뇌)으로 배우기의 효과 비교.

칠판의 다양한 활용과 판서 방법.

오후 수업 분위기 다잡는 방법.

공책을 돌리는 것과 아이들이 움직이는 것의 비교.

1인 1장 학습지, 2인 1장 학습지, 4인 1장 학습지의 의도는 무엇인가?

본 활동을 원활하게 하는 도입 활동의 적정선은 어디까지인가?

학생들의 돌발 상황에 대한 교사의 바람직한 대처 방법은?

경험이 적어서 문제 상황에 대한 이해가 힘든 아이들은 어떻게 도울 수 있을까?

승패가 있는 놀이를 어떻게 협동적인 놀이로 바꿀 수 있을까?

학생들의 질문에 대한 적절한 대응법: 즉문 즉답, 되돌리고 연결 짓기, 다음으로 넘기기

다양한 좌석 배치의 효과, 4인 모둠과 6인 모둠은 어떤 경우에 좋은가?

소통과 교류에 효과적인 좌석 배치 방법은 어떤 것일까?

기록한 후 발표하는 것과 발표한 후 기록하는 것의 차이는 무엇인가?

40분 단위 수업과 80분 블록 수업 운영에 대한 아이들과 교사들의 소감.

교사의 작업 지시는 간단한 것이 좋을까? 자세한 것이 좋을까?

아이의 사고력을 증진할 수 있는 효과적인 방법에는 무엇이 있을까?

학생들의 개인차가 큰 수학 수업에서 개별화 지도는 어떻게 이루어져야 할까?

# 3부

수업 비담의 실제 - **누가, 왜, 무엇, 어떻게**

# 1장. '누가'에 집중한 수업 비담

[표 1] 국어 수업 밑그림

| 학년 | 2학년 | 교과 | 국어 | 단원 및 차시 | 5. 내용을 간추려요(1/9) | |
|---|---|---|---|---|---|---|
| 수업 일시 | 6월 22일 수 1교시 | 장소 | 3-1 교실 | 수업 교사 | 송주희 | |
| | 1 | 2 | 3~4 | 5~7 | 8~9 | |
| 단원 구성 | 일의 원인과 결과가 무엇인지 알기 | 원인과 결과에 따라 이야기를 간추리는 방법 알기 | 원인과 결과에 따라 이야기 간추리기 | 원인과 결과가 드러나게 이야기 간추려 말하기 | 일이 일어난 원인과 결과를 생각하며 이야기 꾸며 쓰기 | |
| 수업 주제 | 일의 원인과 결과 알기 | | | | | |
| 수업 흐름 | ⊙〈토끼와 거북〉그림을 보며 사건에는 원인과 결과가 있음을 인지하기<br><br>⊙ 원인과 결과의 뜻 알기<br>⊙〈재훈이의 일기〉를 듣고 일의 원인과 결과 찾아보기<br>⊙《소피가 화나면, 정말 정말 화나면》의 초반부 읽고 질문하기<br> - 소피가 왜 화가 났을까요?/여러분은 어떨 때 이렇게 화가 나나요?<br> - 소피는 화가 나서 어떻게 하였나요?/여러분은 화가 날 때 어떻게 하나요?<br><br>⊙ 원인과 결과를 파악하며 이야기를 읽으면 좋은 점 알기 | | | | | |

## 수업 들여다보기

교과서의 텍스트는 인과관계를 이해하기 쉽게 단순한 구도로 되어 있다. 그러나 우리 삶은 단순한 인과관계가 아니라 복합성을 띠고 있고 아이들도 이것을 알고 있다. 따라서 교과서의 텍스트를 활용하여 원인과 결과의 개념을 파악한 후 실제 삶과 연결 짓기 위해 그림책을 도입하였다. 그림책의 한 장면을 활용해 아이들의 경험을 이끌어 내고, 그것을 나누는 과정에서 자연스럽게 일의 다양한 원인과 결과를 떠올릴 수 있기를 기대하였다.

### 〈토끼와 거북〉 그림 보고 일의 순서 알기

교사가 국어 교사용 지도서의 〈토끼와 거북〉 그림을 확대한 것을 두 장 번갈아 보여 준다. 그다음 아이들과 이야기를 나눈다.

교사: 이 그림은 어떤 장면일까요?
- 토끼와 거북이요.
- 거북이가 경주에서 이겼어요.
교사: 이 그림은요?
- 토끼는 잠을 자고 거북이는 가고 있어요.
교사: 혹시 어떤 장면이 먼저일까요?
- 토끼가 잠을 자는 거요.
교사: 왜 그렇게 생각했어요?
- 토끼가 경주하다가 잠을 자서 거북이가 느린 데도 이겼어요.
교사: 맞아요. 여러분이 잘 알고 있는 이야기지요? '토끼가 경주하다가 잠을 자서 거북이가 이겼다.'처럼 어떤 사건에는 일이 일어난 순서가 있어요. 이것을 '원인'과 '결과'라고 합니다. 이 이야기에서는 '결과'가 뭐지요?
- 거북이가 경주에서 이긴 거요.
교사: 그 '원인'은요?
- 토끼가 낮잠을 자서요.

## '원인과 결과' 뜻 알기

교사: 이처럼 '일이 일어나게 만든 까닭'을 '원인'이라고 합니다. 그리고 '원인으로 인하여 일어난 일'을 '결과'라고 합니다.

┤ 판서하기 ├

'토끼가 경주하다가 잠을 자서      거북이 이겼다.'
　　　↘ 원인　　　　　　　　　　↘ 결과

(일이 일어나게 만든 까닭)      (원인으로 인하여 일어난 일)

## 학습 주제 판서하기

교사: 이번 시간에는 원인과 결과에 대해 같이 공부해 봅시다.

## 일의 원인과 결과 찾아보기

교사: 공책을 펴서 〈재훈이의 일기〉를 두 번 읽어 준다. 교과서에 나와 있는 글이지만 일부러 책을 펴지 않고 우리 반 친구 누군가의 일기를 읽어 주는 것처럼 공책을 펴서 읽어 주었다.

교사: 이 친구에서 일어났던 일을 순서대로 말해 볼까요?

- 아이스크림을 2개 사 먹었어요.

- 비를 맞으며 친구와 시소를 타고 놀았어요.

- 춥고 배가 아파서 병원에 갔어요.

> ## ○○이의 일기
>
> 　나는 학교가 끝나고 집에 오는 길에 준하하고 아이스크림을 사 먹었다. 마침 용돈이 남아 있어서 나는 한 개를 더 사 먹었다. 아이스크림은 참 시원하고 달콤하였다. 준하와 아이스크림을 먹으며 놀이터 앞을 지나가는데 비가 오기 시작하였다. 나와 준하는 시원한 비를 맞으며 시소를 신나게 탔다.
>
> 　집에 와서 숙제를 하려는데 갑자기 춥고 배가 아프기 시작하였다. 너무 아파서 어머니와 병원에 갔다. 의사 선생님께서는
>
> 　"찬 음식을 많이 먹어서 배가 아프고, 오랜 시간 비를 맞아 열도 많이 나는군요."라고 하셨다. 의사 선생님의 말씀을 듣고 나는 오늘 있었던 일을 떠올려 보았다.

교사: 의사 선생님이 하신 말씀이 무엇인가요?

- 찬 음식을 많이 먹어서 배가 아프다고 했어요.

- 오랜 시간 비를 맞아 열도 많이 난다고 했어요.

교사: 이 친구에게 있었던 일을 '~~~해서 ~~~했다'로 공책에 기록하여 봅시다.

- 아이스크림을 많이 먹어서 배가 아팠다.

- 비를 많이 맞아서 열이 났다.

- 찬 걸 많이 먹고 비를 맞아서 몸이 아팠다.

교사: 이 중에서 먼저 결과에 줄을 그어 봅시다. 그리고 '결과'라고 써 보세요. 다음에는 그 원인에 줄을 긋고 '원인'이라

고 써 보세요.

---

| 판서하기 |

'아이스크림을 2개 먹어 배가 아프고, 비를 많이 맞아 열이 났다.'

↘ 원인          ↘ 결과          ↘ 원인          ↘ 결과

---

## 원인과 결과의 복합적인 관계 이해하기

교사: 금방 원인과 결과에 대해 배웠는데 아주 잘 찾았어요. 그런데 선생님이 궁금한 것이 있어요. 혹시 여러분 중에 아이스크림을 2개 먹은 적 있어요?

- 네, 3개도 먹었어요.

교사: 그렇구나. 그럼 그때 배가 아파서 병원에 갔나요?

- 아니요. 맛있기만 했어요.

교사: 그럼 비 맞고 놀았던 적은?

- 많아요. 저번에 친구와….

교사: 그때 비 맞고 열이 많이 났나요?

- 아니요, 시원했어요.

교사: 그렇군요. 아이스크림을 2개 먹었다고 다 배가 아픈 건 아니고 비를 맞고 놀아도 다 열이 나는 건 아니네요. 시원하고 맛있기만 할 수도 있죠. 같은 원인에 따라 결과가 다 같은 건 아니군요. 그럼 같은 결과는 어떨까? 배가 아픈 적

은 있나요?

- 예, 저번에 회를 먹고….

교사: 친구들 말처럼 '배가 아프다'는 결과에도 다양한 원인
이 있네요. 이처럼 같은 결과지만 다양한 원인이 있을 수 있
다는 것을 알았어요.


## '원인과 결과'를 알고 자신의 삶과 연결 짓기

《소피가 화나면, 정말 정말 화나면》그림책에서 소피가 화를
내며 폭주하는 장면을 보여 주고, 그 장면을 중심으로 자신의 경
험과 연결 지어 '원인'과 '결과'를 다양하게 떠올려 보게 한다. 이
를 통해 단순 구도의 인간관계에서 나아가 복합적 구도를 직관적
으로 이해할 수 있도록 한다.


교사: 선생님이 아주 재미있는 그림책을 가져왔어요. 소피라
는 친구 이야기인데 무슨 일이 있었나 봐요. 이 장면을 한 번
보세요.

- 하하하, 진짜 웃겨요.

- 입에서 불이 나와요.

- 고양이랑 강아지가 다 날아가요.

교사: 소피가 어떤 것 같아요?

- 화가 났어요.

- '으아~~'라고 소리를 지르고 있어요.

교사: 맞아, 얼마나 화가 났는지 입에서 불을 뿜는 것 같아
요. 여러분도 이 정도로 화가 난 적 있어요?

- 동생이 전에….
- 친구가….

아이들에게 화가 났던 까닭을 칠판에 나누게 하였다. 그 위에
'원인'이라고 쓴 후 하나씩 짚으며 읽어 보았다. 그리고 화가 나
서 어떤 행동을 하였는지 칠판에 쓰게 하였다. 그 위에 '결과'라고
쓰고 같이 읽어 보았다.

[그림 1] 원인과 결과를 이해하고 자신의 삶과 연결 짓기

교사: 소피는 화가 나서 어떻게 했을 것 같아요?

- 물건을 집어던졌을 것 같아요.

- 동생을 때렸을 것 같아요.

교사: 그럼 1초만 보여 줄게요. 정말 빨리 지나가니까 잘 보세요(1초만 보여 주겠다고 말한 것은 아이들의 집중력을 이끌어 내기 위함이었다).

- 아, 달려요. 계속.

- 나도 달리기를 했는데….

교사: 그랬구나. 그때 기분이 어땠어?

- 시원하고 좀 기분이 가라앉고…. 어쩐지 화가 줄어드는 것 같았어요.

교사: 그렇구나. 화가 났을 때 달리기를 하는 것도 좋은 방법이네.


**'원인과 결과'를 파악하며 이야기를 읽으면 좋은 점 이해하기**

교사: 원인과 결과를 파악하며 이야기를 읽으면 좋은 점이 있을까요? 만약 이유를 모르고 소피가 이렇게 화를 내는 것만 보면 어떨까?

- 이상한 아이라고 생각할 것 같아요.

- '왜 저러지?' 하고 이해가 안 돼요.

교사: 그래, 모르고 이 장면만 보면 '왜 저러지? 참 이상하다.'라고 생각할 거예요. 근데 원인과 결과를 파악하며 이야

기를 읽으면 안 그러겠죠. 그럼 원인과 결과를 파악하며 이
야기를 읽으면 좋은 점을 알 수 있겠어요?

......

- 왜 그렇게 하는지 알 수 있어요.

- 이야기를 잘 이해할 수 있어요.

이 질문이 좀 어려웠던 것 같다. 알기는 알겠는데 표현하기가
어려웠던 것 같다. 생각을 말로 표현한 아이의 대답을 다시 짚
어 주며 다른 아이들에게 동의하는지 묻고 공책에 정리하게 하
였다.

## 수업 비담 기록

[그림 2] 수업 비담(2016년 6월 22일 수요일 15:00~17:00)

**사회자**: 수업 교사 선생님을 소개하겠습니다. 수업 교사 선생님은 제황초등학교 송주회 선생님이십니다. 저는 평소에 선생님의 수업을 볼 때마다 참 깔끔하게 수업을 하신다고 생각했습니다. 특히 사용하는 발문에서 '와!' 하는 감탄사를 쏟아내게 만드시고요. 군더더기를 걷어낸 명료한 발문을 하는 것으로 유명하신 송주회 선생님으로부터 오늘의 수업 소개를 간단히 들어 보겠습니다.

**수업 교사**: 우리의 현실 상황에서는 다양한 맥락의 원인과 결과가 존재합니다. 먼저 '단수 원인—단수 결과'의 단순한 구도에서 쉽게 원인과 결과를 파악할 수 있도록 하고, 다음으로 '복수 원인—복수 결과'의 복합적 구도로 나아갈 수 있는 방안으로 수업 고민을 했습니다. 이를 일기글과 그림책으로 풀어 가고자 했습니다. 단순 구도로는 일기글을, 복합 구도로는 그림책을 선정했습니다. 원인이나 결과의 일부 장면을 보여 주고 아이들의 상상력과 경험을 떠올려 연결 지어 보게 하여 삶의 맥락에는 다양한 인과관계가 존재할 수 있음을 깨닫게 하고 싶었습니다.

**사회자**: 수업 비담 협의록 앞면의 1번에 관찰한 사실을 기록하며 수업을 봐 주십시오. 그럼 수업을 보도록 하겠습니다.

## 1단계: 수업 및 수업 교사 장점 찾기

■ 자료 그림을 보여 줄 때 '1초'라고 시간을 제한하여 아이들이 흥미를 갖고 참여하게 하였다.

■ 못하는 아이를 지적하지 않고 수업을 진행하여 아이들이 재미있게 몰입할 수 있었다.

■ 늦게 들어온 아이에게 늦었다고 지적을 안 하고 책을 내라고 안내하고 넘어간 것이 좋다.

■ 아이들의 경험을 수업에 연결시켜 몰입하게 했다.

■ 수업 단계별 진행의 흐름과 맺음이 분명하여 순조롭게 목표에 도달했다. 기본에 충실한 수업이다.

■ 교사의 참을성이 대단하다. 애들이 말을 안 듣는데 지적하지 않고. 아이들의 가능성을 본 것 같다.

■ 교실에서 아이들의 일에 따라가는 게 아니라 교사가 해야 할 일을 보여 주며 아이들이 따라올 수 있게 수업을 진행하였다.

## 2단계: 수업에서 관찰한 사실 나누기

■ 책, 공책 등이 준비 안 된 아이들이 있었지만 오늘의 수업 목표는 해냈다. 아이들이 준비가 안 되어 있어도 일단 수업을 시작했다. 늦게 왔어도. 다른 아이들은 어디 있는지만 물어 보았다.

■ 아이들의 잘못을 지적하는 발언이 없고 해야 할 작업을 지시하는 말만 주로 사용한다.

■ 활동이 분절적이었는데 각 단계별로 명확하게 진행되어 연결이 자연스러웠다. 마무리를 하고 넘어가니까 중간에 온 아이도 따라갈 수 있었다.

■ 교사가 아이들의 발언을 잘 받아 주고 이어서(연결하여) 수업을 진행했다.

■ 교사의 예시와 시범이 명확하다. 예를 자세히 들었다. 칠판에 그림 그리는 법, 위치, 용어 정의를 적어 주어 아이들이 길을 잃었다가도 다시 돌아오게끔 해 주었다.

■ 아이들을 관찰했다. OO이 끊임없이 딴소리를 해도 다른 아이들이 동요를 안 하고, 선생님이 약간 대응했다. 그런 상

황이 아이들에게 익숙한 건지, OO이가 마음대로 하는 건지 궁금하고 그 아이가 걱정된다.

■ 늦게 들어온 아이들, 선생님들이 보자 달라지는 모습이 있었다. OO이 옆에 OOO선생님이 앉아 있자 집중하는 모습을 보였다. 아이들이 누군가 보고 있는데도 잘못된 줄 모르는 경우가 있는데 OO의 경우 잘못된 것을 아는 것 같다. 자신의 행동을 객관화해서 어떻게 보이는지 알아야 될 것 같다. 교사가 스트레스를 덜 받게 말이다.

■ 보조 칠판 근처에서 확인 후 바로 기록하게 하였다. 교사가 서 있는 위치가 낯설었는데 이상하지 않았다.

■ 수업 시간에 활동을 명확히 제시했다. 다 적은 사람은 들어가야 되는 상황에서 소란스러워졌는데 그런 아이들에게 깊이 있는 활동 거리를 주어야 할까? 속도 차이에서 오는 공백, 어떻게 조율해야 할지에 대한 고민이 생긴다.

■ 선생님이 〈OO이의 일기〉를 직접 읽어 주셨다. '누구 일기지?' 하는 궁금함으로 들었다. 선생님이 직접 읽어 주는 것이 친근감을 주고, 경험을 떠올리며 활발하게 이야기할 수 있게 해주었다.

- '텍스트를 어떻게 보여 줄 것인가? 들려 줄 것인가?'에 대한 고민을 한 흔적이 여실히 보였다.

- 맨 마지막 마무리에 '일의 원인과 결과를 알면…'이라고 공책에 쓰게 하였다. 원래 단원, 차시에는 없었다. 이걸 알아보면 단원 전체를 개관하며 아이들 스스로 '이런 공부를 해야 되겠구나.' 하고 알 것 같다. 《소피가 화나면, 정말 정말 화나면》에서 소피의 예를 들며 이 공부가 필요한 이유를 깨닫게 했는데, 그것만 해도 충분히 공부가 되겠구나 싶었다.

- 일시일사(一時一事)의 원칙이 드러났다. 기록할 것을 5개 제시했다가 즉석에서 3개로 바꾼 것 등 상황에 따른 조절이 보였다.

- 교사가 내내 평온한 표정이었다. ○○이나 △△이를 보며 표정이 바뀌지 않을까? 흔들리지 않을까? 궁금하다.

- ○○이를 짝인 □□이가 엄청 관심을 갖고 살펴 주었다. ○○이는 도움이 필요한 아이다. 그러나 ○○이는 아이들, 친구들 도움만으로는 한계가 있는 아이라는 생각이 든다. 어떻게 해야 할까

## 3단계: 토의 주제 찾아 함께 말하기

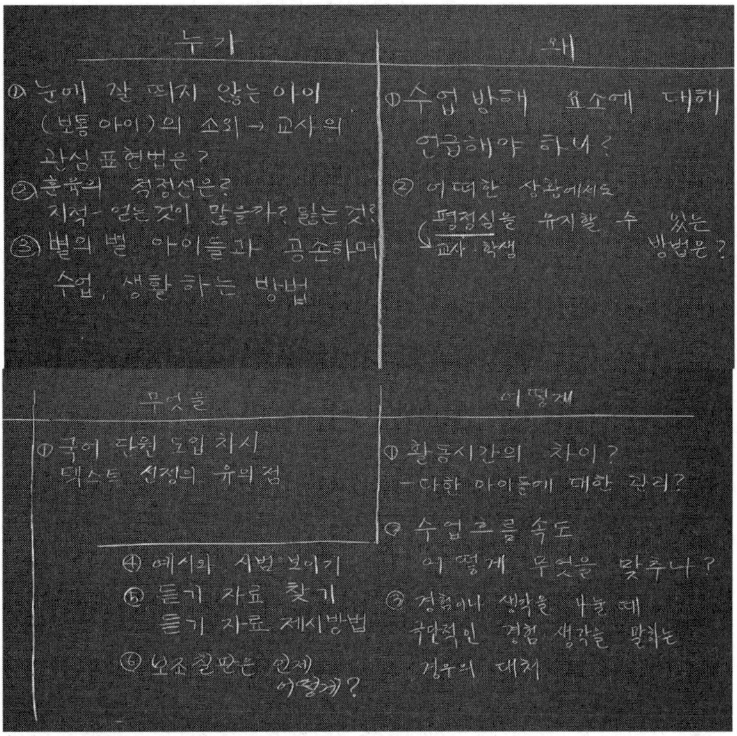

[그림 3] 수업 비담 참가자들이 칠판에 직접 쓴 질문들

**누가** (교사·학생 이해, 교사·학생 관계 …)
2. 훈육의 적정선은? 지적, 얻는 것이 많을까? 잃는 것이 많을까?
3. 별의별 아이들과 공존하며 수업, 생활하는 방법

■ 수업 교사의 질문으로 시작하기: 머리를 꼬고 샤프를 만지고 내내 딴짓하는 것 같지만 해야 하는 건 하는 아이. 이런 아이는 지적을 안 하는 게 낫다. 매일 잔소리가 반복되어도 안 듣는 아이, 지적하면 역효과가 나지 않을까?

■ 자세가 나쁜 아이, 불편하게 만들어 주면 바로잡힌다. 우리 학교는 허용의 폭이 넓은 것 같다. 그때그때 잔소리하지 않고 참고 친절하게 바로잡아 주고, 평정심이 바닥나면 아이의 행동이 교사를 얼마나 불편하게 만드는지 말해 준다.

■ 저학년은 자기 행동에 대한 자각이 부족하다. 그래서 지적이 필요하다. 오늘은 지적이 없는 수업이었다. 산만한 아이들이 누군가는 불편하지만 불편하지 않은 교사도 있다. 평정심을 흔들면서까지, 수업 흐름을 깨면서까지 지적하는 게 옳은가? ○○이를 지적 안 하고 무시했더니 내 앞에 와서 팔딱 뛰더라. 그 한 명이 없으면 수업이 달라질 정도면, 그렇다고 지적하면 스트레스를 안 받는가? 아이들도 거기에 동요되지 않는다. 수업 시간에 지적하지 않아도 다른 상황에

서 다루고 혼내 주는 게 훨씬 효과가 있지 않을까? 다른 아이들도 그게 잘못된 것을 알고 후련해할 수 있어야 한다.

■ 수업과 학생 전체에서 잃는 것과 얻는 것을 판단해 보며 전체를 바라보며 이 상황을 다루는 민감성, 융통성이 필요하다. 예로 한두 명 때문에 흐름을 깨는 것은 안 좋다.

■ 교사의 수업설계도 아이들의 상태에 영향을 미친다. 자신의 수업설계가 꼼꼼해서 수업이 잘 흘러갈 때는 지적할 상황이 별로 없다. 교사의 에너지나 마음 상태도 마찬가지다. 교사가 편안하면 상황을 쉽게 받아들일 수 있다.

■ 지적하는 게 누구를 위한 것인가? 불편한 교사, 그 아이, 옆의 아이. 그중 교사 자신이 보기 싫을 때 가장 화가 난다. 그런 점을 생각해야 한다. 그런 상황에서는 "얘들아, 선생님이 귀가 아프다. 좀 조용히 해 줘."라고 솔직하게 말하는 게 낫다.

---

**무엇** (교육과정, 수업목표, 교사 의도, 기대…)
1. 보조 칠판은 언제, 어떻게 활용하면 좋은가?

---

■ 항상 사용했으면 좋다고 생각하는 것을 게시(시 외우기 같

은 것)할 수 있다.

■ 수업 자료나 아이들의 결과물 등 게시용이면 늘 앞에 있어
  야 하나? 게시용으로 사용할 거면 아이들의 시선에서 옆으
  로 비껴 가도 좋겠다. 교실 전면은 아이들이 집중할 수 있도
  록 단순하고 깔끔한 게 좋다. 칠판과 보조 칠판을 의식적으로
  사용해야 한다.

■ 수업 교사료로 자주 사용하고, 환경 게시용 또는 수업 시간
  에 수시로 기록용으로 쓴다. 웬만하면 단순한 색깔로 사용
  해야 아이들에게 방해가 안 된다. 칠판도 의도적으로 사용
  해야 한다. 삼면 칠판 교실로 만들고 싶다.

---

**어떻게** (교수·학습 방법, 수업 기술, 구조 …)
1. 수업 흐름 속도는 누구에게, 어떻게, 무엇을 맞추나?
2. 활동 시간의 차이, 다한 아이들의 관리는 어떻게?

---

■ 수업의 양을 조절하고 있음이 보인다. 가르침이 아닌 배움
  중심으로 한다. 25명에게 다 기회를 주어야 하는가? 수업의
  속도를 개별화시키는 것은 바람직하지 않다.

■ 활동 중에 떠드는 것은 문제가 안 된다. 활동을 다한 후 개인

적인 이야기로 떠드는 것은 문제다. 늦게 한 아이가 거기에 귀를 기울이고 있으니까. 매시간 할 거리를 자연스럽게 주는 것이 어렵다. 수업과 연관된 시간으로 보내게 할 수 없을까?

■ 학습의 속도 차에서 오는 공백, 어떻게 40분 동안 집중할 수 있나? 쉬어 가는 틈도 필요하다. 적정선이 중요하다. 개별 검사의 경우 교사가 더 쪼개거나 아동의 개별차를 파악하고 있으면 된다. 상황에 따라 공백이 너무 길지만 않게, 방해가 안 될 정도로. 작품의 경우는 잘게 많은 활동을 하는 것보다 큰 활동으로 호흡을 길게 가면 좋겠다. 고학년은 글쓰기의 속도차가 많이 난다. 빨리 오는 아이는 세세하게 검사해서 다시 쓰게 해 속도를 조절할 수 있다. 저학년 수학은 중간에 끊고 넘어간다.

■ 5학년은 일대일 개별 지도가 필요한 아이가 많다. 수학 문제를 다한 아이는 도움이 필요한 아이 옆으로 가서 스스로 도와준다.

■ 수업의 흐름과 속도, '누구에게' 맞출지 고려해야 한다. 이 반의 경우 ○○, △△이 통과할 때까지라고 한다. 준비가 안 된 아이를 교사가 속도를 강요해 관계를 망치는 것이 더 안 좋다. 늦지만 해내는 아이가 적정선이 되어야 한다. 딴짓을 하면서 늦게 하는 아이는 안 기다려 준다. 그런 아이를 기

준으로 잡는 것이 필요하다. 그래서 OO이나 △△이의 경우 기다려 주기보다 별도의 사후 지도가 필요하다.

■ 국어과는 아이들에게 비교하며 쓰게 한 후 속도가 빨라졌다. 알림장 쓸 때 늑장을 부리는 아이가 있으면 "OO이보다 빨리 쓰기다." 하면 OO이까지 속도가 빨라지더라.

## 4단계: 수업 나눔으로 내가 배운 것 나누기

### [참관 교사의 성찰]

■ '지적, 얻는 것이 많은가, 잃는 것이 많은가, 꼭 필요한가?'처럼 대립되는 상황이 드러나는 형식의 주제 제시가 토론에 도움을 준다.

■ 토의 시작 주제는 수업 교사가 선택하는 것이 좋다. 수업 교사의 고민도 다루고 중요한 주제를 다루게 된다.

■ 수업을 영상이 아닌 현장에서 직접 보니 아이들을 중심으로 보게 된다. 영상으로 보는 수업에는 한계가 있다. 배움 중심 수업은 교실에 와서 직접 보아야 한다.

- 수업 협의회에서 우리는 각자의 고민을 나누었고 하고 싶은 말을 하면서 도움이 되었는데, 수업 교사가 얻는 것이 있었을까 걱정된다.

- 수업에 대해 직접 고민해 보는 것 자체가 의미가 있다.

- 수업 나눔 자체가 의미가 있고, 자기 고민을 비춰 볼 수 있다고 생각한다. 아직도 수업을 보면서 "분필 중심 수업은 지났다."는 식으로 말하는 관료가 있다. 우리 학교의 보석 같은 선생님 수업을 보여 주면서 교사의 매력적인 제스처나 말이 자료가 되는 이런 수업이 일반화되고 존경받는 환경이 되면 좋겠다.

- 교사가 수업 중에 자기 할 일을 잘 찾아야 한다. 나는 수업 중에 내가 뭘 해야 할지 헤매는 경우가 많다. 교사의 민감성은 꾸준히 생각하고 길러야 한다.

- 수업 협의회를 매주 하는데 더 단련이 되려면 기록하며 봐야 한다. 기록하며 보는 것은 꾸준한 연습이 필요하다. 기록하며 보면 이야기하고 싶은 토의 주제와 고민도 떠오르고 수업을 객관적 시선으로 보는 훈련이 될 것이다.

## [수업 교사 성찰]

오늘은 기승전 ○○이 얘기를 했다. 다들 걱정하였지만 오늘은 ○○이가 나를 기쁘게 했다. 딴짓을 하고 시끄럽게 해도 수업의 맥락 안에서 했기 때문에 수업 속 관계 안에 들어와 있어서 다행이라고 생각한다. 영상을 다시 보니 딴짓하는 것처럼 보였던 아이들이 관련 있는 낙서를 하고, 주제와 관련된 일상 경험을 떠올려 대화를 하고 있는 것을 발견하였다. 교사가 여유가 있다면 그러한 수업 중 공백도 생산적인 시간으로 받아들일 수 있겠다는 생각이 든다.

그래서 나는 ○○이 같은 아이를 참는 것이 힘들다기보다 내가 추구하는 수업 안에 넣어 두려는 데 초점을 두는 것 같다. 아이들이 올라왔다 내려갔다 하는 떨림이 있으면서 가는 수업, 그런 관점에서 시끄러운 수업은 괜찮지 않나 생각하는 것이다. 그럼에도 불구하고 수업 중 떠드는 아이에 대한 지적, 평정심에 대한 논의가 많았던 것은 내가 더 고민이 필요한 부분이라는 생각이 든다.

수업을 이끌어 갈 때는 하나의 덩어리로만 보이던 아이들이 영상으로 보니 한 명 한 명이 참 예쁘고 수업 속에서 나름의 노력을 하고 있는 것을 알 수 있었다. 나 자신의 모습만 보자면 이전에 비해 '수업을 잘해야지.', '아이들을 모두 끌고 가야지.' 하는 조급함과 욕심을 조금씩 내려놓고 있는 것이 보여서 다행스럽다.

하지만 아직도 아이들 한 명 한 명을 바라보고 호흡을 조절하는 성숙함은 한참 멀었다는 생각이 든다. 그래도 아이들과 수업할 수 있어서 참 행복하고, 따뜻한 시선으로 수업을 바라봐 주는 동료들이 있어서 행복하다.

# 2장. '왜'에 집중한 수업 비담

[표 1] 수학 수업 밑그림

| 학년 | 2학년 | 교과 | 수학 | 단원 및 차시 | 3. 길이 재기(4~5/10) | |
|---|---|---|---|---|---|---|
| 수업 일시 | 11월 2일 화 1교시 | 장소 | 2-2 교실 | 수업 교사 | 김명숙 | |
| 단원 구성 | | | | | | |
| 수업 주제 | '몇 m 몇 cm'로 나타낸 길이의 합과 차 구하기 | | | | | |
| 수업 흐름 | ⊙ 1m 먼저 도착하기<br>- 선생님과 함께 주사위 놀이하기, 주사위에 나온 눈만큼 10cm 가기<br>- 1m가 10cm 열 번임을 알기<br>⊙ 5m60cm에 먼저 도착하기<br>- 짝과 함께 주사위 놀이하며 덧셈과 뺄셈을 자연스럽게 알기<br>- 주사위로 1:10cm, 2:40cm, 3:60cm, 4:80cm, 5:100cm, 6:120cm 가기<br>- 놀이를 하며 가야 하는 길이, 남아 있는 길이를 계산하기<br>⊙ 길이의 합과 차 계산하기<br>- 덧셈과 뺄셈을 해야 하는 상황 알기<br>- 공책에 세로 셈과 가로 셈으로 쓰기<br>- 길이의 덧셈과 뺄셈 형식화하기, 문제 풀며 숙달하기 | | | | | |

| 수업<br>교사<br>의도 | 학부모 보조 교사와 함께하는 수학 수업<br>수학 교과만큼 개인차가 많이 나는 수업은 없을 것이다. 한 명의 아이도 소외받지<br>않는 수업을 하고는 있으나 한 명의 교사가 아이들을 챙기는 데는 한계가 있다. 특<br>히 저학년 수학은 교구를 활용하는 구체적 조작 활동이 많고 놀이 수학, 몸짓 수학<br>활동을 하고 있다.<br>수학 교과는 그 계열성으로 인해 이전 학습이 다음 학습에 미치는 영향이 크다. 단<br>위 수업 시간 내에 최대한 뒤처짐이 없는 배움이 이루어지기를 바란다. 기초 학력<br>을 위해 수업 외 시간에 추가 지도를 하는 것은 그다음 조치가 되어야 한다.<br>저학년 수업을 하다 보면 기본 학습 용구 챙기는 것에서부터 보건실에 가야 하는 아<br>이, 화장실에 가야 하는 아이 등 예기치 못한 돌봄이 필요한 경우가 잦다. 교실에 담임<br>교사가 아닌 또 다른 어른 한 명이 더 있다는 것은 아이들에게 안정감을 주고 집중력<br>을 가지게 한다. 담임교사가 받는 도움도 크지만 무엇보다 아이들이 가장 큰 혜택을<br>받고 있다. 학부모 보조 교사가 구체적으로 어떤 상호작용을 하고 있는지 함께 관찰<br>해 보고 이해해 보았으면 한다. |

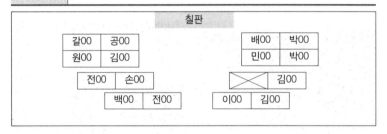

## 수업 들여다보기

2학년 수학 '길이' 단원 수업이다. 80분 블록 수업이고 놀이 수업으로 디자인하였다. 주사위로 게임을 하면서 전체 활동, 짝 활동, 개별 활동으로 변화 있는 학습 구조를 사용하였다. 저학년임에도 공책 쓰기 활동을 많이 하고 소소한 수업 기술들이 곳곳에 들어 있는 수업이다. 교과서의 문제 대신 놀이 활동을 문제 상황으로 끌어들여 수학적 문제해결 욕구가 생기도록 의도하였다. 놀이에 친구

이름이 등장하고, 자신들의 놀이 활동 결과물로 문제를 직접 만들어 보는 재미도 있다. 또한 문제해결 방법을 교사의 입을 통하지 않고 아이들의 입으로 계속 말하게 하고, 교사의 정서된 판서 대신 가까운 옆 친구의 공책 정리를 보면서 서로 배우고 가르치는 관계가 되기를 바라며 수업을 진행하였다. 이러한 수학적 의사소통 과정은 지루하고 머리 아픈 수학 시간을 친구와 함께 모르는 것을 알아 가는 즐거운 수학 시간으로 만들 수 있을 것으로 기대한다.

[그림 1] 학부모 보조 교사와 함께하는 수학 수업

특히 이 수업은 담임교사와 학부모 보조 교사가 함께하는 수업에서 아이들이 어떻게 배우고 있는지 관찰할 수 있었다. 두 사람의 협력적인 소통을 통해 아이들의 돌봄과 배움을 지원하고 단위 수업 시간 내에 뒤처짐 없이 모든 아이가 행복한 수업을 추구하고 있다.

## 1m에 먼저 도착하기

수업을 시작하면서 지난 시간 아이들이 직접 만든 1m 모형자를 상기시키고 칠판에 붙인다. 아이들에게는 1m가 작게 그려진 학습지를 나누어 주고 함께 놀이 규칙을 읽고 확인한다.

※ 놀이 규칙 : 주사위를 던져서 나오는 수만큼 색칠한다.
　숫자 1이면 10cm, 2이면 20cm, 3이면 30cm….

"지금부터 선생님과 함께 1m 먼저 도착하기 놀이를 하겠습니다. 선생님은 혼자 한편, 여러분은 모두 한편입니다."

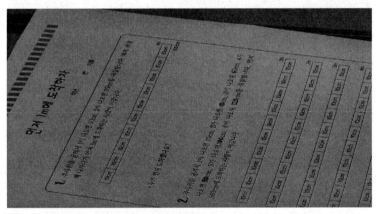

[그림 2] '1m에 먼저 도착하기' 놀이용 학습지

1회 차에 교사는 주사위를 던져서 숫자 2가 나오자 칠판에 20cm를 색칠하는 시범을 보인다. 다음으로 학생 한 명이 나와서 주사위를 던지고, 숫자 3이 나오자 아이들 모두 자신의 학습지에 30cm를 색칠한다.

2회 차에 교사는 숫자 5가 나와 50cm를 색칠한다. 선생님이 앞지르자 아이들이 약간 긴장하며 다음 친구를 응원하는 마음을 보낸다. 다행히 다음 아이가 나와서 4를 던지고 모두 기뻐하며 40cm를 색칠한다.

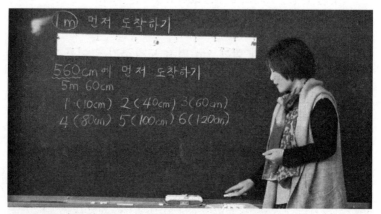

[그림 3] 놀이 규칙 확인하기

이때 선생님이 못 따라가는 아이를 발견하고 수학 보조 교사에게 지원을 부탁한다.

그리고 다른 아이들에게도 지금까지 어느 정도 색칠했는지 물어 보고, 70cm를 색칠한 것을 확인한다.

"선생님과 너희들 모두 똑같이 70cm가 되었으니 앞으로 30cm

만 가면 1m가 되겠네."라고 말하며 자연스럽게 덧셈과 뺄셈을 해 보인다. 아이들의 기대와 응원 속에 게임이 계속되고 아이들의 승리로 마무리된다.

이때 교사는 주사위를 던지는 역할을 정할 때 오늘 수업의 도우미, 친구들은 응원 잘하는 어린이, 집중을 잘하는 아이 등 의도적으로 다양하게 지명을 하며 긍정적인 상호 지원을 하는 수업 분위기를 조성한다.

### 560cm에 먼저 도착하기

"이번에는 짝과 함께 주사위 놀이를 하겠습니다. 그런데 규칙이 조금 바뀝니다. 학습지 2번을 봐 주세요."

[그림 4] 짝과 함께하는 주사위 놀이

"560cm 막대가 있습니다. 560m는 1m가 몇 개 있나요?"

"1m 안 되는 것은 몇 cm인가요?"

그리고 바뀐 놀이 규칙을 판서한다.

※ 놀이 규칙 : 숫자 1이면 20cm, 2이면 40cm, 3이면 60cm….

아이들은 ×20을 복습하면서 짝과 함께 막대 색칠놀이를 시작한다. 이때 담임교사는 교실 전체를 순회하면서 아이들의 활동을 점검하고 학부모 보조 교사는 도움이 필요한 아이들 옆에 머물면서 즉각적인 도움을 준다. 간간히 교사는 보조 교사와 소통하며 아이들의 난 개념이나 오개념을 수정하고 특히 보조 교사가 아이들의 활동에 지나친 개입을 하지 않도록 한다.

### 길이의 합 계산하기

놀이의 승패가 끝난 아이들은 학습지를 교사에게 제출한다. 교사는 그 학습지를 모아 다음 활동으로 넘어간다. 다음 활동은 아이들의 놀이 결과물을 가지고 길이의 합과 차를 계산하는 것이다.

560cm에 먼저 도착한 아이들에게는 축하를 해 주고 도착하지 못한 아이들에게는 아쉬움을 전하며 목표 지점인 560cm에 모자라는 길이를 찾아내게 한다.

[그림 5] 놀이가 끝나자 교사에게 학습지를 제출하는 아이들

"박OO이는 560cm에 잘 도착했습니다."

"전OO도 열심히 했는데 아쉽게도 20cm가 모자라네요."

"그런데 오늘 공부는 여기서 끝나는 게 아니에요. 560cm에 도착 안 한 사람들 것으로 다음 공부를 이어 가겠습니다. 누구 것으로 해 볼까?"

"백OO와 전OO 것으로 문제를 내겠습니다. 잘 들어 주세요."

"백OO는 주사위 게임에서 3m40cm를 갔고 전OO이는 5m20cm를 갔습니다. 두 사람이 색칠한 길이를 합하면 얼마일까요?"

교사는 실물 화상기에 공책 쓰기 시범을 보이고 아이들도 공책을 꺼내어 계산에 필요한 부분을 쓴다. 교사는 칸 공책을 활용하여 단위 줄 맞춤을 해야 함을 강조하고, 작은 자를 대고 줄 긋기를 하는 모습을 직접 보여 준다.

[그림 6] 아이들과 똑같은 공책에 교사가 직접 쓰는 모습을 실물 화상기로 보여 주며 수업하기

　이때 공책을 못 찾는 아이가 있어 학부모 보조 교사가 함께 챙겨 준다. 공책 쓰기가 힘든 친구들은 보조 교사의 도움을 받아 모두 뒤처짐 없이 공책 쓰기와 더하기 과정을 해 나간다. 그 덕분에 담임교사는 별다른 주의 집중이나 군더더기 과정 없이 수업 전체를 이끌어 나간다. 보조 교사도 익숙하게 도움이 필요한 아이에게 적절한 작용을 한다.

　전체가 식을 다 쓴 것을 확인한 교사는 덧셈을 해야 하는 이유와 방법을 찾게 하는 발문을 한다.

　"두 친구의 길이를 더하면 얼마일까요?"

　"어떻게 더했는지 누가 방법을 설명해 줄래요?"

　교사는 의도적으로 잘하는 아이에게 먼저 발표를 시키고, 이어서너 명의 아이에게 변화 있는 되풀이로 다시 말하게 한다. 마지막으로 수학을 어려워하는 아이도 말할 수 있는지 다시 한 번 더 발표하게 한다. 그리고 아이들 모두 한목소리로 "m는 m끼리 더하고 cm는 cm끼리 더한다."를 말하게 한다.

[그림 7] 학부모 보조 교사가 함께하는 수업

다음으로 가로 셈의 형식도 함께 써 보는데 이때 m는 빨간색으로, cm는 파란색으로 덧칠하여 시각적인 구분을 할 수 있도록 지도한다.

"여기까지 다한 친구는 손을 높이 들고 선생님에게 확인을 받도록 합니다."

### 길이의 차 계산하기

길이의 덧셈 과정 채점을 마치고 자연스럽게 길이의 뺄셈으로 넘어간다.

"이번에는 560cm에 먼저 도착한 박○○의 것과 2m50cm에 도착한 이○○의 것으로 공부해 보겠습니다. 오늘 컨디션이 안 좋은

이OO 힘내요."

"문제입니다. 이OO은 얼마를 더 가야 560cm에 도착하게 될까요?"

아이들은 덧셈식이 아닌 뺄셈식을 만들어야 한다는 것을 스스로 발견하고 각자 공책에 풀이를 해 나간다. 아이들은 바로 직전에 배운 세로 덧셈식과 가로 덧셈식을 활용하여 뺄셈식을 형식화하며 스스로 뺄셈 문제를 해결한다. 몇몇 아이의 집중력이 약해지자 노력하고 있는 아이들을 칭찬해 가며 북돋워 준다. 담임교사와 보조 교사는 부지런히 순회 지도를 한다.

그 과정에서 어떤 아이의 공책에서 흔한 오류(길이의 차라고 써 놓고 빼기 기호가 빠진 것과 단위 줄 맞춤이 안 맞는 것)를 발견하자, 교사는 아이들에게 모두 멈추라고 하고는 실물 화상기로 전체에게 보여 준다.

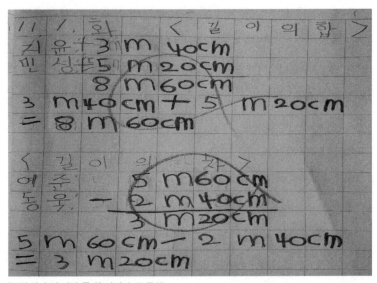

[그림 8] 수업 시간 중 한 아이가 쓴 공책

"지금 보여 주는 공책에서 뭔가 이상한 것 2개를 발견해 봅시다. 찾은 사람은 옆 짝에게 귓속말로 말해 주세요."

아이들은 먼저 짝과 이야기를 나누고 전체 발표를 한다. 이 과정에서 틀린 아이는 자신의 오류를 스스로 발견하고 바르게 고쳐서 발표한다. 교사는 수정 과정을 아이들 앞에서 직접 보여 주며 오개념을 고치도록 하고 각자의 것도 다시 점검하도록 한다.

"마지막에 ○○가 스스로 틀린 것을 발견하고 고쳐 발표했습니다. 틀려도 괜찮아요. 우리 모두 ○○ 덕분에 더 잘 알게 되었으니 고마워해요."

틀린 아이가 상처받지 않도록 칭찬과 격려로 마무리하고, 잘된 예시가 될 만한 아이의 공책을 한 번 더 실물 화상기로 보여 주고 각자의 것과 비교하는 시간을 준다.

### 길이의 합과 차에 숙달하기

차근차근 짚어 가며 개념을 배웠으니[學] 이제는 익히기[習] 단계로 넘어간다. 수학익힘책을 꺼내 반올림과 내림이 없는 길이의 덧셈과 뺄셈 문제를 스스로 푸는 시간이다.

"수학익힘책을 꺼내어 혼자 힘으로 풀어 봅시다."

혼자 힘으로 빨리 풀이를 끝낸 아이는 채점을 받고 다 못 한 친구를 도와준다. 수학을 어려워하는 아이는 묻기를 주저하지 않고 손을 들어 도움을 요청한다. 중간에 몸 상태가 안 좋은 아이는 담임교사와 함께 보건실에 다녀오고, 대부분 아이는 단위 시간

안에 길이의 합과 차 구하기라는 수업목표에 도달한다.

## 수업 비담 기록

**사회자:** 수업 교사 선생님을 소개하겠습니다. 수업 교사 선생님은 제황초등학교 김명숙 선생님이십니다. 제가 어제 집에서 전문가라는 조건을 찾아보았는데 3가지가 있었습니다. 긍정적인 생각, 열정, 배워 가는 자세였습니다. 이 3가지를 모두 갖추고 있으면서 더불어 아름다운 미소까지 갖춘 김명숙 선생님을 소개합니다. 선생님으로부터 오늘의 수업 소개를 간단히 듣겠습니다.

**수업 교사:** 일상 수업입니다. 전체적인 흐름만 2~3개를 잡고 수업을 하고 난 후, 편하게 수업안을 보시라고 칠판과 공책 사진을 넣어서 다시 정리했습니다. 오늘 수업은 학부모 보조 교사와 하는 수학 수업이 중심입니다. 이 부분에 대해 궁금하신 분들이 오늘 협의회에 오신 것 같습니다. 수학 교과만큼 개인차가 많이 나는 수업은 없을 겁니다. 한 명의 아이도 소외받지 않는 수업을 하고 싶은데 교사 한 명이 모든 아이를 챙기는 데는 분명히 한계가 있습니다. 단위 수업 시간 내에 최대한 뒤처짐이 없는 배움이 이루어지려면 교사

외에 다른 돌봄의 시선이 필요하기에 우리 학교는 학부모 수학 보조 교사 제도를 운영하고 있습니다. 학부모 보조 교사는 기본 학습 준비물 챙기기부터 예기치 못한 돌봄이 필요한 경우에 큰 도움이 되고 있습니다. 그리고 아이들에게 안정감을 주고 집중력을 가지게 하는 데도 효과가 큽니다. 본 수업은 길이의 합과 차를 놀이를 통해 자연스럽게 알아서 계산하고 형식화하고 숙달하는 과정을 중심으로 한 연차시 수업이고, 지금 보게 되실 부분은 그중 앞 차시입니다. 수학 보조 교사의 활동 모습을 구체적으로 촬영해서 보는 것은 저도 처음입니다. 아이들과 함께 상호작용하는 모습을 관찰해 주시면 좋겠습니다.

**사회자:** 수업 비담 협의록 앞면의 1번에 관찰한 사실을 기록하며 수업을 봐 주십시오. 그럼 수업 영상을 보도록 하겠습니다.

## 1단계: 수업 및 수업 교사 장점 찾기

■ 선생님이 웃는 얼굴과 부드러운 말투로 수업을 하고 있다.

■ 교사가 정확하게 작업 지시를 하여 아이들이 이해하기 쉽다.

■ 틀린 아이인 ○○이의 공책으로 문제해결 방법을 설명하고

"이렇게 하면서 공부하는 거예요."라고 말해 줌으로써 그 아이가 주눅 들지 않게 응원해 주고 지지해 주었다.

■ 수업 내용을 아이들의 질문이나 응답 속에서 찾아 이어 나가는 것이 자연스러웠다.

■ 아이들의 오답 오류를 활용하고 같이 바로잡아 가는 과정이 아이들에게 정확한 수학 공부를 익히는 데 도움이 된 것 같다.

■ 학부모 보조 교사 활용 수업을 처음으로 보았는데 한 명의 교사가 더 있음으로 해서 그 효과가 2배가 되는 것이 아니라 그 이상, 3~4배 이상의 효과가 있는 것 같다.

■ 수업 흐름과 아이들의 집중도가 좋다.

■ 허용적인 분위기에서 아이들이 자유롭게 활동하다가 집중이 필요할 때는 집중이 잘되고 있다.

■ 의미 있는 되풀이 과정을 통해 아이들이 꼭 기억해야 할 개념을 알게 하고 있다. 한 명만 확인하는 것이 아니라 3명 이상 되풀이해서 확인하고 마지막에 모두가 한목소리로 말하게 하고 있다.

- 배움의 단계가 자연스럽고 명확하게 확산되고 있다.

- m와 cm 자릿수 쓰기 할 때, 자 사용법과 공책 칸 활용법을 실물 화상기로 보여 주었다. 아이들이 선생님의 시범을 눈으로 확인하면서 정확하게 인식할 수 있도록 공책 쓰기 시범을 보이는 것이 인상적이다.

- 잘하는 친구들에게만 집중하지 않고, 도착하지 못한 친구들 공책을 활용하여 다음 단계 활동으로 연결시키는 것이 자연스러웠다.
- 아이들 편을 들지 않고 선생님 편을 들었다고 한 아이에게 교사가 "고마워."라고 대응한 것이 인상적이다.

- 학생들이 활발하게 움직이다가도 교사가 이야기할 때는 집중하고 있었다. 교사의 말을 살펴보면 "틀려도 괜찮다.", "마음속으로 읽어서 몰랐네.", "수학을 어려워하지만 열심히 하는 OO야."와 같이 교사가 아이들에게 격려와 지지하는 말들을 하고 있으니 아이들이 이런 말들을 잘 들으려고 노력할 수밖에 없겠다는 생각이 들었다.

- "이름이 없으면 무효야." 하는, 무심한 듯한 교사의 말 한마디가 게임 후 어수선해질 수 있는 저학년 아이들의 분위기를 부드럽게 알맞게 끊고 맺는 것이 돋보였다.

■ 수업을 방해하고 있는 아이를 교사가 크게 제재하지 않으면서도 함께 수업을 할 수 있도록 하고 있다.

## 2단계: 수업에서 모둠별로 관찰한 사실 나누기

[그림 9] 모둠별로 관찰한 사실을 나누는 참가자들

■ 학부모 수학 보조 교사 수업을 처음 보았다. 보조 교사 수업에 대해 많이 궁금하다. 담임과 사전 수업 협의를 하나요? 어려운 점, 안 좋은 점은 없나요? 다른 학년도 하나요? 모집은 어떻게 하나요? 사전 교육은 어떻게 하나요? 거부하는 교사의 경우 어떻게 하나요?

■ 교사가 보조 교사 어깨에 손을 얹었다. 학부모인데 그렇게 대한다는 것이 문화 쇼크였다. 수업에 들어오는 순간 학부모가

아니라 수업의 조력자가 되는 것이기 때문에 가능한 제황초의 학교 문화인 것 같다. 교사와 학부모 수학 보조 교사가 동반자로서 다양한 언어와 신호를 사용하여 소통하고 있다. 수업에서 함께하는 시간이 늘어나면서 학부모 보조 교사도 성장하고 서로 신뢰하고 의지하는 문화로 자리 잡고 있다.

- 수업 초기에 보조 교사가 한 아이에게 바로바로 답을 가르쳐 주고 있는 모습이 조금 이상했다.

- 수업 중반 이후 담임교사가 수업 전체를 이끌어 갈 때 보조 교사가 아이 한 명 한 명을 꼼꼼히 검사해 주면서 빈 곳을 채우는 모습을 보고 '아, 이래서 보조 교사를 활용하는구나.'라는 생각을 했다.

- 내가 원하는 만큼 보조 교사가 채워 주지 못할 때, 보조 교사와 이견이 있을 때 차라리 혼자 수업하는 것이 더 좋지 않을까 생각한다. 그럴 경우는 따로 진지한 협의가 필요하다. 전문가가 아니기 때문에 분명 한계가 있다. 그러나 교사 중심이 아니라 학생을 중심으로 문제를 해결하고자 하기 때문에 지금까지 큰 문제는 없었다. 기본적으로 교사와 학부모 사이에 신뢰가 있어야 가능하다. 학부모 보조 교사는 엄마이기에 뒤처지는 아이들이 더 잘 보이고 더 애타는 심정으로 바라본다. 교사

는 수업과 아이들을 이끌어 가고, 보조 교사는 밀어 주는 역할을 하고 있다고 본다. 학부모가 아무런 보상 없이 매주 2~4시간을 봉사한다는 것은 결코 쉬운 일이 아니다.

(모둠) 사회자: 이것을 토의 주제 1로 만들어 봅시다. 학부모 수학 보조 교사 운영에 관하여로.

■ 교사가 잘 듣는 아이에게 기회를 주는 것을 보았다. 직접적으로 아이들에게 "잘 들어라."고 지시하는 것이 아니라 "잘 들은 ○○가 나와서 주사위를 던져 볼까?"라고 말하는 것이 아이들에게 큰 동기부여가 되고 있다는 생각이 들었다.

■ 누군가가 발표를 하고 나면 그 옆에 누구, 또 그다음 누구… 이런 식으로 계속 변화 있는 되풀이로 듣기와 말하기 훈련을 하고 있었다. 교사가 듣기를 굉장히 중요하게 여기는 것을 알 수 있었다.

■ 선생님이 말을 할 때 아이들에게 감정적 표현이나 가치 판단, 지시적 언어 대신 객관적인 표현을 했다. 예를 들어 "빨리해!"라고 하는 대신 "지금 너를 기다리고 있단다."라고 말했다. 잘못하고 있다고 나무라는 것이 아니라 그 아이가 잘못하고 있는 행동을 있는 그대로 표현해서 스스로 인식할 수 있도록 했다.

■ 교사가 공책 쓰기와 놀이 방법, 시범 보이기를 많이 했다. 놀이 방법을 말로 설명하는 대신 놀이의 일부를 해 보이며 놀이 방법을 터득하게 했다. 아이들이 활동 과정에서 오류를 밟지 않도록 단계를 잘 밟아 갔다.

■ 억지스러운 이야기를 들여오는 스토리텔링 수업만 생각하고 있었는데, 오늘 수업은 놀이 과정과 결과 자체를 활용하여 아이들 이름을 직접 등장시키면서 수업 교사체를 스토리텔링화하고 있어서 충격적이었다. "m는 m끼리 더하고 cm는 cm끼리 더한다."는 답을 교사의 입이 아니라 아이들의 입에서 입으로 연결시키고 통합해서 결국 저절로 나오게 했다.

■ 틀린 학생의 공책을 가지고 배움 거리를 찾아내어 이야기를 나누었다. 어쨌든 학생에게서 문제를 찾고 답도 찾아가는 모습이 좋았다. 전원이 참여하는 수업이라는 것이 아이들 모두가 활동에 참여하는 측면도 있지만, 아이들의 실명을 등장시키는 것도 중요하다. ○○이는 수학을 못하지만 자기 이름이 등장했기 때문에 이 시간이 굉장히 의미가 있고 집중할 수 있을 것 같다. 다른 아이들도 친구의 결과이기 때문에 관심을 가지고 몰입할 수 있을 것이다.

■ 자기들의 공책이 실물 화상기에 띄워질 때 친구 것과 내

것을 편하게 비교하게 되면서 '나도 저 친구처럼 실수했는데….'라며 틀린 것도 함께 고쳐 가면서 배우고 있다. 이런 하나하나의 수업 기술들이 교사가 아이들을 수업에 참여시키려고 항상 고심하고 있다는 것을 알게 했다. 교사가 공책 쓰기에 공을 들이고 있다. 아이들이 공책 쓰기를 제대로 정확하게 할 수 있도록 많이 기다려 주고 있다. 이는 저학년에서 중요한 기초 기본 교육, 학습 훈련인데 그것들이 수업에 잘 녹아져 있다.

■ 한 시간 수업이지만 교사의 전반적인 교육철학이나 수업 운영 방식에 대해 잘 알 수 있는 수업이었다. 나도 기초 기본 교육이 정말 중요하다고 생각하고 있는데 저학년이 아닌 고학년에서는 어떻게 해야 할지 고민이다. 고학년은 학습 속도의 개인차가 더 많이 나고 학습 양도 많다 보니 기다려 주는 것에 한계가 있다.

사회자: 이것을 토의 주제 2로 만들어 봅시다. 고학년 기초 기본 교육의 중점 사항으로.

## 3단계: 토의 주제 찾아 함께 말하기

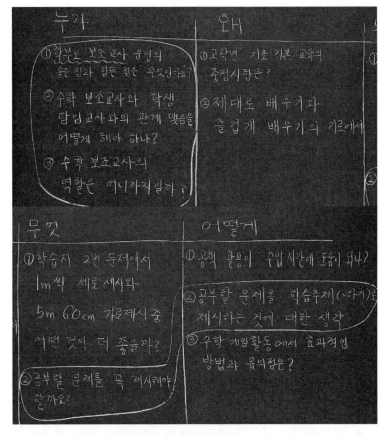

[그림 10] 수업 비담 참가자들이 직접 쓴 질문이 담긴 칠판

**누가** (교사·학생 이해, 교사·학생 관계 …)

　1. 학부모 수학 보조 교사 활동에 대하여

- 수업 교사의 질문으로부터 시작하기 : 학부모 수학 보조 교사 활동에 대한 여러 선생님의 생각이 듣고 싶다.

- 교사와 학부모 수학 보조 교사와의 관계 맺음이 가장 중요하고 궁금하다. 자칫 잘못하면 학부모 수학 보조 교사가 지시만 받는 사람이라는 느낌을 줄 수 있다. 보조 교사와 학생과의 관계 맺음도 중요하고 궁금하다. 도움을 고맙게 받아들이기도 하지만 싫을 수도 있을 것 같다. 문제가 생겼을 때 담임은 다른 시간에 풀 수도 있지만 보조 교사는 그렇지 않지 않은가?

- 학부모 수학 보조 교사 운영과 관련하여 힘든 점은 학부모 교사를 구하기가 쉽지 않다는 점이다. 자녀 학반에는 들어가지 않는다는 원칙을 지키다 보니 더 제한적이다. 사전에 오리엔테이션을 하기도 하지만 처음에 하시는 분은 일정 시간 적응하는 데 시간이 필요하다.

- 자격 요건이 있으면 위화감을 줄 수 있어서 별도 자격은 없다. 아이들에게 다가갈 때 엄마다운 면이 좋을 것 같다. 엄마 같은 역할을 하다 보니 아이들 중에는 담임에게 오지 않고 항상 학부모 수학 보조 교사에게 가는 아이가 있다. 편하고 안심이 되나 보다. 선생님에게 말할 때는 틀릴까 걱정인

데 학부모 수학 선생님은 그렇지 않다. 선생님도 엄마도 아닌 중간 역할이 아이들에게 편안한 마음을 갖게 하는 것 같다. 수학 보조 선생님이 사정상 못 오신 날이면 아이들은 항상 "수학 선생님은 왜 안 오셨어요?"라고 찾는다.

■ 좋은 점은 수업이 끝나면 내 수업에 대해 물어 볼 수 있다는 점이다. 수업 중 힘들어하는 아이가 누구였는지, 어떤 지점에서 아이들이 어려워했는지 등 피드백을 요청할 수 있다. 수업과 아이들을 위해 함께 고민하면서 협력 관계가 된다는 느낌을 받을 때 큰 도움이 된다.

■ 참 좋은 점이 많을 것 같다. 오늘 수업에서 보조 교사가 아이에게 정답을 바로 알려 주는 장면이 아쉬웠다. 사전 교육 등이 필요할 것 같다. 사전 교육을 한다 해도 중요한 건 일상적인 의사소통인 것 같다. 작년에는 수학 보조 교사 도움을 사양했다가 올해 처음 해 보니 있을 때와 없을 때 수업의 차이를 확실히 느낀다. 더 다양한 수업을 시도할 수 있다. 흐름을 방해받지 않는다. 아이들의 상태를 더 자세하게 파악할 수 있다. 초기에는 약간의 문제가 있었다. 보조 교사가 아이들이랑 너무 친해서 수업 시간과 관계없는 수다를 하고 있기도 해서 바로 정중하게 그렇게 하지 마시라고 부탁을 했다. 전문가가 아니기 때문에 교사의 역량을 바라서는 안 된

다. 그래서 그때그때 바로 말을 하고 고쳐 나갈 수 있게 한다. 오늘 수업의 경우 담임과 보조 교사의 역할 분담이 잘되었다. 보조 교사가 자연스럽게 본인이 들어가야 할 때와 빠져나와야 할 때를 알고 있었다.

■ 저도 초기에는 보조 교사가 불편했다. 누군가와 함께하는 수업을 경험한 적이 없었고 내 수업이 공개되는 거라 불편할 수밖에 없었다. 그랬더니 내 불편함이 아이들에게 전해지는 걸 느꼈다. 그것을 스스로 인식하고 나서 마음을 편안하게 바꾸고 난 후 나아졌다. 이제는 학부모 보조 교사가 없으면 불편하다. 보조 교사에 대한 애착 반응 등 아이의 새로운 면을 보고 상담의 자료가 되기도 한다.

■ 저학년, 고학년 보조 교사의 역할이 다를 것 같다. 고학년은 특히 교과 내용이 어려우니까 6학년 보조 교사는 엄마들이 꺼려 한다. 배정을 받으면 집에서 공부를 하신다. 그러나 실제로는 아이들 수업 태도와 관리 부분이 주요 역할이다. "그 문제를 풀려면 칠판에 있는 저 부분을 보면 되는데.", "어렵구나. 맞아! 나도 어려워."와 같이 힌트를 준다거나 포기하지 않도록 격려하는 역할이 크다. 수업 시간에 담임교사의 안내를 잘 따라오면 보조 활동이 가능하다.

■ 아이들이 수업 시간이든 아니든, 자신이 어려운 일이 있을 때 언제든지 도움을 요청할 어른이 옆에 있다는 것을 느끼면서 심리적인 안정감과 믿음을 가지게 되는 것도 중요한 의미가 있다고 본다.

---

**왜** (교육철학, 추구하는 수업 방향 …)

1. 제대로 배우기와 즐겁게 배우기의 기로에서

---

■ '제대로 배우기와 즐겁게 배우기의 기로에서'이다. 나는 아이들이 제대로 배우기를 원한다. 그러나 수학이 힘든 아이들은 즐겁지 않으면 수업을 안 하려는 경향이 있다. 수업 장면 초기에 엎드려 있던 민주의 경우 주사위 놀이를 할 때는 반짝 참여했다. 그러고는 공책 쓰기에 들어가니 또 엎드렸다. 옆 짝이 공책을 꺼내 주고 도와주려 했으나 오히려 짜증을 내면서 거부했다. 이런 아이는 보조 교사가 더 힘들어하기 때문에 수업 시간에도 내가 직접 돌보고 있다. 부진아일수록 더 많은 전문성을 필요로 하기 때문이다. 제대로 배우려면 쓰기도 해야 하는데 안 하려고 하니 고민이다. 특히 기초 학력과 관련되는 부분에서는 즐거움을 포기하더라도 제대로 하고 싶은데 그 균형을 어떻게 해야 할지 고민이다.

제대로 배우기와 즐겁게 배우기 2개가 나누어지나요?

제대로 즐겁게 배우게 해야 하는 거 아닌가요?

제대로 배우면 즐거워지지 않을까요?

- '즐겁게'와 '제대로 배우기'가 모두 가능한 아이들이 있긴 하다. 이런 아이들은 중간 단계 아이들이다. 문제는 수업이 힘든 아이들인데, 내 생각은 제대로 배우지 않으면 즐거울 수가 없다고 생각한다. 어느 정도 단계나 기초를 잡아 주어야 즐겁게 참여할 수 있게 되기 때문이다. 오늘 수업의 경우 '1m=100cm'를 모르면 주사위 놀이를 할 수가 없다.

- 내 성향 자체가 재미를 추구하지 않기 때문인지 수업을 준비하면서 재미를 전혀 생각지 않는다. 제대로 배우는 것에만 초점을 맞추는 것 같다. 편중되고 있다는 생각이 들고, 그래서 수업에 문제가 생기기도 한다는 반성이 든다. 수업 교사의 고민처럼 재미가 없으면 한 발도 안 디디려고 하는 아이도 있다. 그런 아이들에게 내가 제시하는 최소 조건은 실험 관찰한 것을 받아 쓰는 것이다. 그것을 검사해주면, 나머지 다른 행동은 허용하고 있다.

- 즐겁게 배우기 위해서는 제대로 알지 않으면 안 된다. 오늘 수업의 경우 수업목표는 길이의 합과 차이지만 자 사용법과

줄 긋기 기본이 안 되어 있으면 따라서 하기가 힘들었을 것이다. 제대로 배우기가 선행되면 즐겁게 배우기는 자연스럽게 따라오게 되지 않을까 생각한다. 먼저 즐거워야 배움에 들어올 수 있다. 좀 더 나아갈 수 있다.

- 기초 기본 교육이 안 되어 있는 아이는 즐거울 수 없을까? 닭이 먼저냐 달걀이 먼저냐의 문제인 것 같다. 기초 기본 교육이 안 되어 있는 아이일수록 즐거운 것부터 시작해야 한다고 생각한다. 즐거워야 관심을 가지게 되고 그다음에 작은 도전 과제를 던져 주고 그것에 집중할 수 있게 해야 하지 않을까? 결국 상황에 따라 다른 것 같다. 몰라서 못하는 아이인지, 하기 싫어서 안 하는 아이인지 잘 판단하는 것이 결국 교사의 전문성이 아닐까?

- 단위 수업 시간에 즐거운 부분과 제대로 배우는 부분이 다를 수 있겠다. 예를 들어 게임을 통해 즐겁게 배우고 난 후 공책 쓰기 할 때는 정확하게 배우는 부분이 있을 것 같다. 항상 공존하고 있다고 본다. 순서의 문제가 아니라 비중을 가지고 있는 부분이다.

그래서 그것이 '왜'에 고민을 쓴 이유이다. 너무 활동 중심 수업만 하다 보면 제대로 배우는 것이 없어질 수도 있다.

■ 교사가 철학을 가져야 한다. 못해서 못하는 것이 아니라 귀찮아서 안 하는 아이를 구분해야 한다. 못해서 못하는 아이라면 제대로 알게 해야 즐거움의 단계로 나아갈 수 있다.

---

**무엇** (교육과정, 수업목표, 교사 의도, 기대…)

---

오늘은 토의 주제로 다루어지지 않음.

---

**어떻게** (교육 학습 방법, 수업 기술, 구조 …)
1. 수학 게임 활동에서 효과적인 방법과 유의점은?
2. 공책 활용법

---

## 1. 수학 게임 활동에서 효과적인 방법과 유의점은?

■ 게임을 잘 못하면 즐겁게 놀고 끝나 버리는 수업이 되기도 한다. 어떻게 게임 활동을 가져가야 제대로 배울 수 있을까? 교사가 아주 세밀해야 한다. 놀이의 빈틈들을 교사의 섬세함으로 메울 수 있어야 하는데 이 수업에서는 주사위 놀이와 더불어 잘 구조화된 학습지와 공책 쓰기를 하면서 아이들의 배움을 만들어 가고 있다.

■ 아이들은 호기심을 충족하는 과정에서 만족을 느낀다. 기

초가 부족한 아이도 어떤 계단 하나만 놓아 주면 스스로 잘 배워 하는 것을 보았다. 그런 계단을 놓는 것이 교사의 중요한 역할인 것 같다.

■ 수학 게임 활동은 단순한 즐거움이 아니다. 오늘 수학 게임은 제대로 배우게 하기 위한 교사의 고도의 전략이 치밀하게 숨어 있다. 오늘 수업의 경우 수업목표를 목표 수에 도달하는 경우, 최대 수에 도달하는 경우, 최소수에 도달하게 하는 경우 등 여러 상황을 만들 수 있는데, 덧셈과 뺄셈이 공존하는 상황을 만들었다는 것에서 교사의 치밀함이 녹아 있다는 것을 알 수 있다.

## 2. 공책 활용법

■ 오늘 수학 시간에 공책 활용법을 많이 배웠다. 나도 수업 시간에 공책 활용을 하고 있는데 교과서에 쓰는 것도 있어서 시간 낭비 같다는 생각도 든다. 다른 사람들은 어떻게 하고 있는지 듣고 싶다.

■ 나는 과학 전담인데 실험 관찰을 주로 많이 활용하고 있고 공책에는 수업 시작할 때 수업과 관련 있는 질문을 쓰고 끝날 때 배움 일기를 쓰고 있다.

■ 매시간 공책을 쓰는 건 아이도 힘들고 교사도 힘든 일이다. 공책을 쓴다는 것이 단순히 '어떻게'에 해당하는 질문은 아닐 것이다. 교과서대로 수업을 한다면 공책을 쓸 일이 없을 거다. 교과서를 벗어나서 수업 디자인을 달리한다면 공책의 다양한 활용 또한 가능할 것이다. 배운 내용을 자기 말로 풀어 쓸 수 있는 공간이 공책이 되어야 할 것이다. 우리 학교에 온 김에 우리 아이들의 공책들을 살펴보시고 선생님들과 이야기를 나누는 것이 도움이 될 것이다.

■ 저학년과 고학년의 공책 지도법이 다를 것이다. 저학년은 기초 기본 교육을 철저하게 하는 것을 중심으로 많이 기다려주면서 지도하는데, 고학년은 그렇게 해서는 정작 배울 내용을 다 놓칠 수 있다.

■ 학년의 문제라기보다는 교사의 주안점에 따라 다를 것 같다. 사실 저학년 때 익혔다고 해서 고학년이 되어 그대로 당연히 잘하는 것도 아니더라. 고학년도 저학년처럼 기초와 기본을 반복해서 가르쳐야 할 것 같다. 단지 저학년은 더 기다려 준다는 차이는 있을 것 같다. 잘하는 것 같아도 잠시 내려좋으면 다시 편한 대로 되돌아가기도 하더라. 계속해서 관리해 나가야 할 것 같다. 학교 학년 전체가 꾸준한 틀로 쭉 함께 강조하지 않으면 금방 흐트러지더라. 저학년의 경우

기본 학습 습관과 관련하여 교육과정 내용이 있기 때문에 좀 더 많이 다룰 수 있는 것이고, 고학년의 경우 학습 약속과 같은 형태로 다루어야 할 것이다.

■ 교사도 아이도 공책에 대한 자기만의 패턴이나 방법들을 찾아가야 갈 것이다. 고학년으로 갈수록 선생님 것만 쓰지 말고 "네가 쓰고 싶은 내용이나 재미있는 표식 등을 만들어 쓰라."고 하고 있다.

■ 고학년은 친구들과 소통하는 도구가 되기도 한다. 공책으로 친구들과 함께 배운 것을 나누면서 적극적으로 활용할 수 있는 여지가 많다.

## 4단계: 수업 나눔으로 내가 배운 것 나누기

### [참가자 성찰]

■ 수업 공개도 좋았고 협의회 진행도 좋았다. 그런데 "이렇게 매주 협의회를 하면 힘들지 않습니까?"라고 옆에 계신 제황초등학교 선생님께 물었더니 "이렇게 해야 동반 성장을 할 수 있다. 업무는 소모적인데 수업 이야기는 교사를 성장하게 한다."는 대답이 많이 인상적이었다. 스스로 반성도 되었다. 교사로 더 많은 노력을 해야겠다는 생각의 터닝포인트가 되었다.

■ 제가 근무하는 학교는 큰 규모라 학부모 수학 보조 교사제도를 도입했을 때 문제점이 많을 것 같다. 어떻게 하면 우리 학교에도 할 수 있을까 하는 고민을 했다. 특히 오늘은 교사의 교육철학이 잘 나타난 수업을 볼 수 있어서 감사하고 좋았다.

■ 수업 비담이 '수업 고민을 비우고 담는 협의회'라는 뜻이라 했는데 솔직히 배울 것이 많아서 비운 건 없고 많이 담아 간다. 지금껏 했던 협의회 중 가장 많이 배웠다. 제황초등학교 선생님 한 분 한 분 모두 수업 전문가 느낌이다. 배우고 싶은 마음에 '내년에 제황으로 와야 하나?'라는 생각이 들 정도다.

■ 내가 원래 수학을 어려워하고 싫어해서 아이들에게 늘 설명 위주로 하나라도 더 가르쳐 주려고 했다. 그런데 오늘 수업을 보고 게임으로도 충분히 잘 가르칠 수 있다는 것을 알았다.

■ 학부모 수학 보조 교사에 대한 궁금증이 풀렸다. 보조 교사 활동에 대한 시사점을 많이 얻었다. 학교로 돌아가고 싶은 마음이 들었다.

■ 여러 가지 이야기를 해서 한 줄로 말하기는 어렵지만 수업 교사의 수업을 예전에도 본 적이 있는데 갈수록 익어 가고 있다.

아이들과 함께 행복한 모습이 오래 기억될 것 같다. "짝에게 귓
속말로 말해 줘라."는 2학년 교수·학습 방법의 팁을 얻어 간다.

■ 수학 수업에 국어 칸 공책을 활용하는 것이 새로웠다. 수업
도 융합으로 창의적으로 가야 한다는 것을 배웠다.

### [수업 교사 성찰]

오늘은 특별히 우리 학교 선생님뿐만 아니라 다른 학교 선생님
들이 새로운 시선으로 봐 주시고 교장, 교감 선생님도 끝까지 함
께해 주셔서 감사하다.

학부모 수학 보조 교사와 수업을 한 지 4년쯤 되었다. 저에게
는 익숙하지만 오늘 참관자들에게 가장 관심 있는 주제였을 것이
다. 수업 교사 의도를 쓰기 위해 수업 영상을 보면서, 학부모 수
학 보조 교사를 처음에 왜 도입했는지 다시 정리하는 계기가 되
었다. 또한 오늘 이 자리에서 영상을 다시 보면서 학부모 수학 보
조 선생님이 아이들과 관계하는 모습들을 보고 새롭게 배웠다.

오늘 협의회에서 나온 학부모 수학 보조 선생님에 대한 선생님
들의 의문들, 문제 제기들을 좀 더 고민하고 다듬어서 계속 함께
수업해 가야 되겠다는 생각을 했다. 모두 감사하다.

# 3장. '무엇'에 집중한 수업 비담

[표 1] 사회 수업 밑그림

| 학년 | 3학년 | | 교과 | 사회 | 단원 및 차시 | 1.우리가 살아가는 곳 (13/14) | | |
|---|---|---|---|---|---|---|---|---|
| 수업 일시 | 2017년 4월 21일 금 3교시 | | 장소 | 3-2 교실 | 수업 교사 | 이소영 | | |
| 단원 구성 | 1~4 | 5~7 | 8 | 9~10 | | 11 | 12~13 | 14 |
| | 위치 개념, 고장의 위치 알아보는 방법, 지도를 이용해 고장 위치 찾기 | 동서남북, 그림 기호, 지도에서 기호가 필요한 이유 알기 | 고장의 모습 살펴보기 | 땅의 모양, 계절에 따른 고장 사람들의 생활 모습 | | 자연현상의 슬기로운 극복 모습 | 자연환경과 산업 발달에 따라 달라지는 고장의 변화 모습 | 단원 학습 내용 정리 |
| 수업 주제 | 옛날과 오늘날 고장 사람들이 하는 일은 어떻게 달라졌나요? | | | | | | | |
| 수업 흐름 | ⊙ 사회 준비운동<br>- 사회과부도로 '지도로 놀자'<br>⊙ 옛날과 오늘날의 고장 사람들이 하는 일의 변화 알아보기<br>- 지난 시간 현장학습 가서 조사한 내용 떠올리기<br>- 고장 사람들이 하는 일의 변화 모둠별로 역할극 만들기<br>- 역할극 발표하기<br>- 고장의 변화된 모습과 사람들이 하는 일의 변화 정리<br>⊙ 다음 시간에는 무엇을 할까?<br>- '우. 주. 발자국' 프로젝트 다음 단계 상상하기 | | | | | | | |

| | |
|---|---|
| 수업 교사<br>의도 | 사회 교과와의 첫 만남, 우리가 주인 되는 발자국을 남겨 나가자.<br>첫 만남은 중요하다. 3학년은 사회 교과와 처음 만나는데 사회 수업을 교과서<br>로만 배우게 되면 아이들이 어렵고 지루한 과목으로 여길 수 있다. 어떻게 하<br>면 사회 교과와 즐겁게 만나게 할 수 있을까?<br>제황초등학교 3~4학년군 교육과정의 목표는 '우. 주. 발자국'이다. 아이들의<br>삶에서 몸으로 직접 배우며 아이들이 삶의 주인이 되는 발자국을 남겨 나가자<br>는 것이다. 따라서 그 첫걸음으로 고장의 환경, 사람들에 대한 관심에서 출발<br>하여 지역 사랑으로 나아갈 수 있도록 '똑똑! 무슨 일을 하시나요?'로 사회 1단<br>원을 중심으로 국어과[3. 중요한 내용을 적어요, 4. 높임말을 바르게 사용해요,<br>6. 알맞게 소개해요], 도덕과<br>[7. 함께 사는 세상]와 통합하여 재구성하였다.<br>우리 아이들의 삶의 과정 속에서, 아이들의 힘으로 배움을 만들어 가는 경험으<br>로 학교의 주인, 지역의 주인, 사회의 주인, 내 삶의 주인이 되는 발자국을 남겨<br>나가며 사회 교과와 즐겁게 만나기를 바란다. |

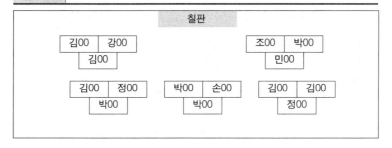

## 수업 들여다보기

3학년 아이들은 새로운 교과와의 만남이 많다. 그중 사회 교과
와도 처음 만나는데, 아이들이 사회 교과가 어렵고 지루한 과목이
아니라 우리 삶 속의 배움임을 알게 하는 것이 필요하다. 따라서
몸으로 직접 배우는 교과로 여겨질 수 있도록 3학년 1학기 사회 교
육과정을 재구성했다. 그 과정 중 본 수업은 지난 시간의 견학 수

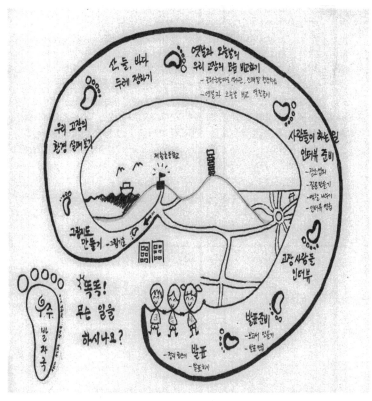

[그림 1] 3학년 '우. 주. 발자국' 첫 번째 프로젝트인 '똑똑! 무슨 일을 하시나요?'
　　　　 프로젝트 수업 안내도

학 수업과 다음 시간의 인터뷰 준비하기를 연결 짓는다. 지난 시
간에 3학년 아이들은 고장의 옛 모습과 현재의 모습을 비교해서
볼 수 있는 대표적인 두 장소를 견학했다. 진해군항마을역사관과
진해탑 전망대를 가서 문화 해설가 선생님께 우리 고장의 옛 모습
과 그 당시 사람들의 생활 모습에 대한 설명을 들었다.

제황초등학교 '우. 주. 발자국' 첫 번째 프로젝트인 '똑똑! 무슨 일을 하시나요?'의 네 번째 발자국을 찍게 되는 날이다. 오늘 수업은 옛날과 오늘날의 우리 고장 모습을 비교해 보기 위해 우리 고장의 옛 모습과 그 당시 살았던 사람들의 생활상을 정지 동작 만들기 역할놀이를 중심으로 진행한다.

### 사회 준비운동: 사회과부도 '지도로 놀자'

체육 시간 시작 전 준비운동처럼 과목별 준비운동이 있다. 그중 사회과 준비운동은 사회과부도로 '지도로 놀자'를 5분간 실시하는 것이다. 아이들이 사회과부도 25쪽을 편다. 한 명이 자신이 찾은 지명을 말하면 다른 친구들은 재빠르게 "찾았다."라고 말하며 자리에서 일어선다.

"경상남도에 있는 농산."

(자리에서 일어서며) "찾았다."

"알려 줄게. 거창군 있지. 바로 북쪽에 있어."

(자리에서 일어서며) "찾았다."

지명을 부르는 역할은 돌아가면서 한다. 오늘은 7명이 했다. 전원이 함께하는 놀이 활동이다. 책상이 알파벳 U자 모양으로 배열되어 있어 아이들이 서로의 얼굴을 보면서 놀이를 진행해 나간다.

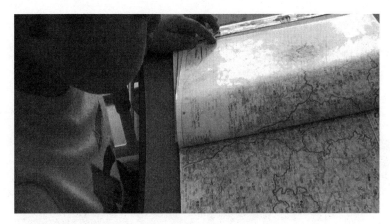

[그림 2] 사회 준비운동인 '사회과부도 책으로 놀기'

## 지난 시간 배움 떠올리기

사회책 56~58쪽이다.

"지난 시간에 우리가 어디에 갔었지요?"

"진해군항마을역사관에 갔었습니다. 우리 고장의 옛 모습 사진을 보았습니다. 그리고 그때 사람들은 어떤 일을 주로 했는지 설명을 들었습니다."

오늘 수업은 '옛날과 오늘날 고장 사람들이 하는 일이 어떻게 달라졌나요?'에 대해 이야기를 나눠 보는 시간이다.

따라서 지난 시간 진해군항마을역사관에 가서 봤던 사진과 문

화 해설가 선생님께 들었던 설명에서 우리 고장의 산, 바다, 들 등 자연환경의 옛 모습과 그때 당시 사람들이 어떤 일을 했는지 떠올리게 한다.

[그림 3] 지난 시간 배움 떠올리기

'옛날 고장 사람들은 무슨 일을 했을까?' 생각을 나누기 위해 먼저 지난 시간 배운 옛날의 모습을 떠올려 모둠 친구들과 우리 고장의 산, 바다, 들 등 옛 자연환경의 모습을 한 가지 정한다. 그 다음으로 옛날 우리 고장 사람들이 어떤 일을 했는지 정지 동작 역할극으로 설명할 부분을 정한다. 정지 동작 역할극 연습을 한 다. 마지막으로 전체 친구들과 나누는 순으로 진행한다.

## 정지 동작 역할극 만들기

"처음 해 보는데 할 수 있을까? 너무 어렵지 않을까?"

아이들이 처음 해 보는 방법이다. 교사가 시범을 보이며 아이 들에게 어떻게 해야 할지 상상해 보게 하는 시간이 필요하다.

우리 고장의 옛 모습과 그 당시 사람들이 했던 일을 정지 동작 역할극으로 표현하는 방법을 교사가 시범을 보이며 안내한다.

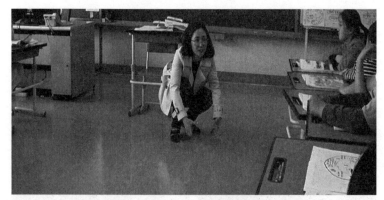
[그림 4] 먼저 교사가 정지 동작 역할극 하는 방법을 설명해 준다.

　(학급 친구들이 함께 외친다.) "옛날~! 하나, 둘, 셋!"

　모둠 친구들이 정한 자연환경에 따라 우리 고장 사람들이 하는 일을 인물 사진의 한 컷처럼 움직임이 없는 정지 상태로 있는다.

　(한 명이 정지해 있는 발표 모둠에 다가가 어깨를 두드리며 묻는다) "똑똑! 무슨 일을 하시나요?"

　마법이 풀리듯이 정지된 상태가 풀어지며 동작을 한다. 옛날 사람들이 하는 일을 몸동작과 대사로 표현한다.


　알파벳 U자 모양으로 배치되어 있던 책상을 3명이 한 팀이 되게 모둠 자리 배치로 만든다. 이번 사회 프로젝트에서는 기존 4인 1조가 아니라 무임승차가 없는 동시다발적 상호작용이 활발하게 일어나게 하기 위해 3인 1조로 구성했다.

　아이들이 모둠끼리 정지 동작 역할극을 어떻게 만들지 궁리한다. 궁리한 것을 공책에 쓰는 아이도 있다. 자리에서 일어나 동작과 대사 연습을 하는 아이들도 있다.

[그림 5] 모둠별로 정지 동작 역할극을 만들고 연습한다.

## 역할극 발표 및 순서 정리

3인 1조 모둠 자리 배치에서 발표를 위해 다시 알파벳 U자 모양으로 책상을 바꾼다. 교사가 앞에 나와서 발표하는 자세 안내를 다시 한다.

"지금 이 친구들은 옛날 사람들입니다. 다 같이 하나, 둘, 셋 하면 정지 동작입니다."

아이들과 다 같이 한목소리로 "하나, 둘, 셋!"을 외친다.

교사가 다가가 "똑똑! 무슨 일을 하시나요?"라고 물으면 아이들이 옛날 사람들이 하는 일을 대사와 함께 몸동작으로 표현한다. 모둠 친구들의 대사가 끝날 때 교사는 옛날 우리 고장의 모습을 되묻는다.

[그림 6] 정지 동작 역할극으로 친구들에게 발표하기

[그림 7] 정지 동작 역할극으로 친구들에게 발표하는 모둠 친구에게 다가가 무슨 일을 하는지
인터뷰를 하는 장면

　첫 번째 모둠이 발표한 다음부터는 "똑똑! 무슨 일을 하시나
요?"라고 물으며 진행하는 역할을 교사가 하지 않고 다른 모둠의
아이가 하게 했다.

4모둠원: "안녕하세요? 저희는 똑똑한 팀입니다. 저희는 옛날 산에 나무가 아주 많은 자연환경입니다."

학급 전체 아이들: "(한목소리로 외치며) 하나, 둘, 셋!"

강○○ 어린이: "똑똑! 무슨 일을 하시나요?"

4모둠 박○○ 어린이 : "나무를 베고 있습니다."

강○○ 어린이: "똑똑! 무슨 일을 하시나요?"

4모둠 민○○ 어린이: "나무를 줍고 있습니다."

강○○ 어린이: "똑똑! 무슨 일을 하시나요?"

4모둠 조○○ 어린이: "나무를 지게에 지고 가고 있습니다."

선생님: "예, 그럼 옛날 우리 고장 사람들은 여기에서 무슨 일을 하는 건가요?"

4모둠원: "우리 고장 사람들은 나무를 베어서 땔감으로 사용했어요."

선생님: "진해군항마을역사관 선생님께서 옛날에 사람들이 제황산 나무를 너무 많이 베어 가서 나무가 거의 없어졌다고 했었지요. 그때의 사람들을 표현했군요."


## 다음 시간 우. 주. 발자국 살펴보기

"정지 동작 역할극은 옛날 우리 고장의 자연환경 속에서 사람들이 한 일을 그때 사람이 되어서 떠올려 보라고 한 거예요. 그럼 이제부터는 오늘날 우리 고장의 산, 바다, 들을 중심으로 환경이 어떤 모습을 하고 있고 그곳에서 사람들이 무슨 일을 하는지 공부할 거예요. 고장 사람들에게 직접 인터뷰를 해서 알아봅시다.
지금 당장 가서 할까요?"

[그림 8] 다음 시간 수업 연결 짓기

"예!"라고 하는 아이가 있고, "아니요!"라고 하는 아이가 있다.
준비가 필요하다는 아이들의 대답도 나온다.

"맞아요. 그럼 준비를 해 봅시다."


## 수업 비담 기록

사회자: 오늘 수업 교사 선생님은 제황초등학교 이소영 선
생님이십니다. 인생의 7분의 2를 제황초 교육을 위해 노력
하시는 동안 더 예뻐지시고 수업력이 막강해지고 계십니다.

선생님이 수업 생각을 하실 때면 특유의 웃는 표정을 볼 수 있습니다. 특히 올해는 동학년 선생님과 수업 고민을 나누며 함께 성장해 나갈 수 있어 즐겁다고 하시는 이소영 선생님으로부터 오늘의 수업 소개를 듣겠습니다.

[그림 9] 수업 비담(2017년 4월 26일 수요일 15:00~17:00)

**수업 교사:** 저는 수업을 아이들과 만들어 나가고 싶습니다. 아이들의 삶 속에서, 몸으로 직접 배우며, 아이들 스스로의 힘으로 수업을 즐겁게 만들어 나가길 바랍니다. 제황초등학교 3~4학년군 목표는 '우. 주. 발자국: 우리가 주인 되는 발자국을 남기자'입니다. 오늘 수업은 첫 번째로 설계한 '똑똑! 무슨 일을 하시나요?' 프로젝트에서 네 번째 발자국에 해당합니다. 지난주 3학년 아이들은 진해군항마을역사관과 진해탑으로 현장학습을 가서 직접 문화 해설가 선생님께 우

리 고장의 옛 모습과 그때 사람들의 생활상에 대한 설명을 듣고 왔습니다. 오늘 수업은 옛날과 오늘날을 비교하기 위해 우리 고장의 옛 모습과 옛날 사람들의 생활상을 정지 동작 만들기 역할놀이를 중심으로 내용이 전개될 것입니다. 이 수업은 다음 시간에 오늘날의 우리 고장 환경과 사람들이 하는 일을 직접 인터뷰하기 위한 준비 과정으로 연결됩니다. 아이들의 삶에서 몸으로 배워 나가는 배움의 여정을 상상하며 오늘의 수업을 보시길 바랍니다.

사회자: 수업 비담 협의록 앞면 1번에 관찰한 사실을 기록하며 수업을 봐 주십시오. 그럼 수업 영상을 보도록 하겠습니다.

## 1단계: 수업 및 수업 교사 장점 찾기

■ 수업 활동에 실제적인 활동이 많다.

■ 선생님의 부드러운 억양이 듣기 좋다. 아이들의 표정이 굉장히 행복해 보였다. 아이들이 주인이 되는 수업이다.

■ 교사가 표정으로 아이들과 대화하는 모습이 인상적이다. 나는 3학년을 3학년답게 대하지 않았었다는 생각이 든다. 그런데 수업 교사 선생님은 이 아이들을 3학년답게 대한다.

- 사회과부도로 하는 지도 놀이를 사회 수업 시작 전 사회 준비운동으로 하는 것이나 세 번이나 자리 배치를 바꾼 것이 체계적이었다.

- 아이들 가까이에서 아이들 눈높이에 맞춰서 앉아서 이야기를 듣는 모습이 좋다.

- 산, 들, 바다로 나누어 두레를 정해서 일관성 있게 수업을 이어 가는 것이 좋다.

- 아이들이 활동을 얼마나 즐겁게 할 수 있는지, 선생님이 고민하신 것이 느껴진다. 수업을 만들어 가는 것이 아이들이라는 느낌이 든다.

- 똑같은 교육과정인데 교사의 수업 디자인에 따라 아이들이 어떻게 바뀌는지 알 수 있는 수업을 보여 주셨다.

- 한 모둠의 구성원을 3명으로 한 점이 특이했다. 한 명도 소외받지 않고 동시다발적으로 활동하고 있다.

## 2단계: 수업에서 관찰한 사실 나누기

- 선생님이 활동을 설명하고 시범을 보였다. 역할극 하기 전

시범을 보일 때 앉았다 서면서 동작과 표정과 목소리를 함께 보여 주었다. 교사의 시범이 적절했다.

- 지도로 놀기 할 때 주저 없이 질문을 해야 한다고 강조하는데, 이 교실은 묻고 답하기를 자연스럽게 하는 것이 충격적이다. 절차를 무시하고 궁금한 것을 묻고 답하는 모습이 놀랍다.

- 아이들이 역할극을 했다. 보는 재미도 있었는데 아이들 스스로 하는 재미도 있었다. 내가 주목한 점은 역할극을 하고 난 다음에 정리를 그때그때 하셨다는 거다. 역할극을 활동으로만 끝내는 것이 아니라 이해 활동으로 바로 연결시켰다.

- 첫 번째 팀 발표할 때 "똑똑! 무슨 일을 하시나요?"라고 수업 교사가 아이들에게 물어 보셨는데, 그다음 팀부터는 그 역할 자체도 아이들에게 넘겨줘서 더 아이들이 집중해서 역할 놀이를 하였다.

- 빨리 끝난 팀도 있고 늦게 끝난 팀도 있는데, 빨리 끝난 팀은 그 시간에 무엇을 할까 궁금했는데 각자 자연스럽게 공책을 꺼내서 정리하는 것을 보고, '자기 경험을 아이들이 만들어 가는구나.'라는 생각을 했다.

- 이 반 아이들은 모둠 협의에서 서로 이야기를 굉장히 잘 나누고 공책도 자연스럽게 꺼내더라. 선생님은 아무 말도 안 했는데 아이들이 스스로 했다.

- 훈련이 잘되어 있다. 한 시간에 책상 배열이 세 번 바뀌었다. 책상 배치 바꾸기는 번잡스럽고 수업 시간 중 한 번 바꾸기도 잘 안 되는 것이 사실이다. 책상 배치를 바꾼다는 것 자체가 번거로울 텐데 오늘 수업에서는 효과적으로 아이들이 소통하도록 세 번을 바꾸었다.

- 아이들이 굉장히 활발하다. 이 반을 보면서 처음에는 나는 우리 반 아이들 수준이 높다고 느꼈다. 활동하지 않을 때 산만한 아이들이 많다고 보았는데, 계속 보다 보니 아이들이 실제 활동을 할 때는 다들 집중해서 참여하는 모습을 봤다. 놀라운 건 산만하게 다른 이야기를 하는 아이들이 대부분인 줄 알았는데 사실은 전부 오늘 수업에 관계된 이야기만 했다는 거다.

- 이 반이 이 프로젝트를 위해 지난주 현장학습을 다녀왔다고 했다. 프로젝트가 구성되면 언제든지 다녀올 수 있는 건지 궁금하다.

■ 아이들이 엄청 시끄럽다고 느껴지기보다는 소란스러움이 듣기 좋았다. 3학년 아이들이다. 모둠 활동을 풀어 놓으면 원활하게 되지 않는다. 서로 자기가 하고 싶은 것을 우기거나 뛰쳐나가는 아이들이 많이 있게 마련이다. 보통은 불협화음처럼 튀는 목소리가 많이 나오는데, 이 반은 목소리가 고르게 나오고 수업과 관계 있는 것들로 웅성거리는 소리였다. 다른 분들은 어땠는지 궁금하다.

■ 이 반에 특별한 아이들이 좀 있는 것 같은데 수업 활동 중 모둠 활동을 할 때에 이 친구를 포함해서 모두 잘 참여하는 것 같았다. 인상 깊었다.

■ 아이들이 수업 상황에 흠뻑 젖을 수 있게 했다. 옛날과 오늘날의 변화된 모습을 보는 것인데 교과서로 보면 정말 단순한 내용이다. 그런데 이를 지난 시간 현장학습 갔던 것을 다시 떠올려 보며 몸으로 표현하게 함으로써 수업 상황에 흠뻑 젖을 수 있게 다시 한 차시로 재구성을 했다. 선생님이 수업 내용에 몰입하는 것 같다.

■ 수업 초반에는 선생님이 많은 설명을 했다. 그런데 나중에는 아이들만 주로 말했다. 교사는 짧게 정리만 했다. 아이들이 수업을 만들어 갈 수 있게 하였다.

- ○○이가 "이렇게 하는 거야. 할 수 있지?" 이렇게 엄마처럼 친구를 챙기는 말을 했다.

- ○○라는 학생이 천천히 할 수 있게 기다려 주고, △△이가 할 수 있다고 서로 말로 격려했다. 모든 아이가 서로 기다려 주고 지지해 주는 학급 분위기를 만들어 온 것 같다. 보통은 고자질을 많이 하는데.

- 초등학생을 크게 두 그룹으로 나누면 3학년은 저학년에 해당 한다. 특히나 지금은 아직 4월이니 더 그렇다. 나는 3명 모둠 구조로 만들어서 수업을 진행해 본 적이 없다. 그런데 오늘 보 니 3명이 모둠 활동에서 뭔가를 만들기 참 좋구나.'라는 생각 이 들었다.

- 모둠 구성원이 3명이면 모둠 내에서 안 하는 아이들이 없는 구조인 것 같다. 우리는 이제껏 모둠 구성을 할 때 아이들의 학년이나 학급 특성, 교과 내용을 우선적으로 고려하지 않고 아동 관리만 생각해 인원을 배정한 것은 아닌가라는 생각을 했다. 오늘 수업은 이 프로젝트를 수행하기 위한, 내용을 위 한 모둠 구성 인원수 배정이었던 것 같다.

- 역할극이 연극처럼 될 수 있어서 항상 하기 껄끄러웠다. 잘

해 보려고 대본을 만들면 더 힘들더라. 그런데 오늘 수업안의 역할놀이는 몸 정지 동작으로 나타내고, 질문을 하면 자신의 동작을 말로 해 주는 것이라 간단해서 아이들이 더 수업에 몰입할 수 있었던 것으로 보인다. 아이디어가 좋다.

### 3단계: 토의 주제 찾아 함께 말하기

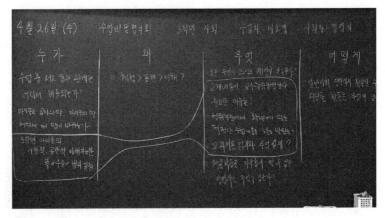

[그림 10] '수업 비담 참가자들의 질문을 판서한 칠판

**무엇** (교육과정, 수업목표, 교사 의도, 기대 …)
2. 교재 내용이 교수·학습 방법보다 중요한 이유는?
3. 성취기준에서 학년에 맞는 적절한 수업 내용을 찾는 방법은?
4. 교과 내용 읽기와 수업 설계의 관계는?

■ 수업 교사의 질문으로부터 시작하기: 교재 내용이 교수·학습 방법보다 중요한 이유에 대한 여러 선생님의 생각이 듣고 싶다.

■ 오늘 내용은 일반적으로 보면 옛날과 오늘날에 대해 교과서에 나온 그림을 가지고 설명하고 넘어갔을 거다. 그런데 수업 교사의 수업은 옛날에 중심을 둔 것 같은데 이게 오늘날로 자연스럽게 넘어가도록 설계되어 있는 것 같다. 교사의 관점이 중요하다. 지도서와 인디스쿨을 본다고 되는 것이 아니다. 교사의 타고난 감각인 거다.

■ 잠재적으로 수업 기술로 녹아 있는 거다. 저절로 나온 듯 보이지만 실상은 저절로 만들어지는 게 아니다. 나도 관점이 중요하다고 본다. 수업 교사는 성취기준을 넘어 지도서 설명 안내보다 3학년 아이들을 먼저 보는 거다. 학급의 아이들이 어떤 삶의 공간에서 생활하는지, 이 제황초등학교 주변과 생활의 터전을 교사가 먼저 보는 거다. 나는 그것이 교사가 수업을 바라보는 관점이라 본다.

■ 책이나 문서로 프로젝트 수업 방법을 배운 사람들은 책과 문서에 집착한다. 그런데 프로젝트 수업에서 가장 중요한 것은 아이들 그 자체를, 그리고 아이들의 삶의 공간을 어떤 눈으로 바라볼 것인가이다. 프로젝트 수업에서 출발을 '어디에서 어떻게 할 것인가'에서 '아이들을 먼저 이해한다'까지 두 단계 올라왔다고 본다. 우리가 순서를 조금만 바꾸어도 과감하게 수업을 할 수 있을 것이다. 수업 교사는 이 학교에서 프로젝트 수업을 실패하지 않았기에 경계를 조금씩 무너뜨리며 시도하고 있는 걸로 보인다.

■ 제일 중요한 것이 교과 내용의 핵심 키워드만으로 재구성을 해야 한다는 것이다. 이 키워드로 재구성을 하는데 책과 교과서로 연구하다 보면 다들 흡사하게 바뀐다. 관념적으로 익숙한 사고 방법으로 변하는 거다.

■ 선생님들은 어른이니 아이의 사고방식이 이제 기억이 안 나는 거다. 4학년 가르칠 때와 3학년 가르칠 때는 분명히 다른데 지금 돌이켜 보면 나는 비슷하게 가르친 것 같다. 사실은 달라야 하는데. 왜 나는 그렇게 가르쳤을까 생각해 보면, 어떻게 하면 재미있게 가르칠까 방법적인 측면에만 머물렀던 것 같다. 3학년 아이들에게 맞는 내용, 3학년 아이들에 대해 고민하지 않았던 거라 본다. 무엇을 가르치면 될까? 아이들

의 수준을 생각하는 것이 더 중요하다는 생각을 한다.

■ 오늘 이 차시는 교과서를 보게 되면 옛날과 오늘날 우리 고장의 모습에 대한 비교하기가 바로 떠오른다. 그리고 여기에 얽매이게 된다. 수업 교사는 한 부분에 집중하면서 사고를 확장시켰다. 재구성의 한계는 교과서가 만드는 듯하다.

■ 대부분 재구성을 했다는 것을 보면 사실 재배열일 뿐이다. 교실 안에서 할 수 있는 활동들만으로는 확장이 일어나지 않는다. 한계가 있는 거다. 교실을 벗어나야 내용을 제대로 배울 수 있다. 그런데 그게 제도적으로 어렵다. 혼자서는 못 하니까 도움 교사나 그림자 선생님으로 학부모가 있어야 하는데, 이 학교는 그것을 받쳐 주니 교실 밖 재구성을 자유롭게 펼치는 것 같다.

■ 상상력을 넓히는 것은 계속 시도해 보는 것이 제일 필요하다.

■ 실제적인 재구성이 아니라 물리적인 재구성에만 머물러 있는 것이 보통 하게 되는 초보적인 실수다.

■ 오늘 수업에서 선생님이 조금 더 수준 높은 것을 아이들에게 던져 주었다면 재미없어졌을 것 같다. 딱 그 수준까지만

해서 아이들이 몰입할 수 있었던 것으로 보였다.

■ 욕심을 버리기 어렵다. 내가 성급하게 끼어드는 것이 많이 연출된다. 교사가 어릴 때 그렇게 배우지 않아서 그럴까? ○○○선생님 말대로 목표가 많이 아는 것이 아니라면 우리가 많이 아는 것으로 배워 왔기에 아이들에게도 그렇게 하는 것 같다.

■ 아이들에게는 하나를 알아도 깊이 알고, 스스로 알고 싶은 것을 찾아가는 것이 필요하다. 이렇게 공부하다 보면 교과 내용이라는 것이 너무 많다는 것을 알게 된다. 교과서를 어른들이 기술하다 보니 정말 아이들이 알아야 할 내용이 너무 많다고 본다.

■ 사회 교과서만 보면 다들 학급에서 어떻게 가르치는지 궁금하다. 교과서만 보면 무엇을 중심으로 설명해야 할지 모르겠다.

■ 교과서에서 내용을 많이 담고 있는데, 어른들 입장에서 받아들여야 하는 것은 많은데 실제로 교과서만 보면 탐구 형식으로 되어 있어서 배울 것이 없는 것처럼 보인다. 교사 역시 이것을 왜 가르치는지 모르는 경우가 많다.

■ 나는 사회 교과가 너무 어렵다고 본다. 사회에 접근하는 내용이 어렵다. 동심원적 접근이라고 해도 아이들 입장과 동떨어져 있다.

■ 아이들이 많이 경험하는 것이 필요하다.

---

**왜** (교육철학, 추구하는 수업 방향…)

1. 체험 〉 표현 〉 이해?

---

■ 체험 〉 표현 〉 이해가 3학년 사회 수업의 패턴인 듯하다. 프로젝트 학습에서 어떤 장점, 당위성이 있는가를 다시 생각해 보고 싶다. 잘못하면 체험으로만 끝나는 경우가 많다. 뭔가 허전한데 뭐가 빠졌는지 모르는 경우가 많다.

■ 요즘은 이해 〉 체험 〉 표현으로 가는 경우가 많지 않은가?

■ 나는 아니라고 본다. 4차 산업혁명과 관계 있지 않겠는가? 대량생산, 예측 가능한 사회, 정답이 있는 사회가 이해, 체험, 표현이지 않을까? 요즘은 그게 아니라고 본다. 내가 정답이라고 생각한 것이 정답이 아닐 수도 있다는 생각이 든다. 예측 불가능하므로 미리 이해시킬 수 없는 거다. 그러므

로 아이들에게 맡기게 되는 거다. 일단 시작하는 거다. 실제 우리 고장의 옛 모습을 알 수 있는 장소인 진해군항마을역사관에 가서 경험을 하고 먼저 느끼게 하는 거다. 그런데 무책임하지 않은가 하는 생각도 들면서, 반면 이 아이들을 한 명 한 명 어떻게 할 수 없으므로 과정의 경험을 함께하는 것, 개인의 경험을 연결시킬 수 있도록, 눈높이가 맞춰질 수 있도록 조정해 주는 것이 교사의 역할이라 본다.

---

**어떻게** (교수·학습 방법, 수업 기술, 구조…)
1. 일반 사회 영역에서 활용할 수 있는 디딤돌 활동으로 무엇이 있을까?

---

■ 역할극이 겹치지 않아서 다행이었는데 사실은 겹칠 수도 있었다. 그렇지 않은 상황들이 있을 수 있다. 체험을 했는데 그것을 어떻게 표현으로 극대화시킬 수 있을까?

■ 이 반 아이들 15명의 한계라고 본다. 인적 자원이 적기 때문이다. 또한 1, 3, 5학년의 한계라고 본다. 2, 4, 6학년이 심화, 확장되는 과정이라고 보기 때문에 3학년 교사로서 한계 상황이 있었을 것이다.

■ 수업 시간에 아이들이 표현 단계에서 막히는 것을 보게 되면

교사는 답답해지고 조급해진다. 결국 그때부터 교사가 주도적으로 설명을 시작하게 된다. 이 상황을 넘어서는 것이 필요하다고 본다.

■ 디딤돌 활동이 좋은데 수업에서 10분 정도 하는 것이 부담스럽지 않은가 싶어서 시도조차 어려웠다. 또한 이제껏 수학과 국어 교과 정도에서 디딤돌 활동을 도입해 볼까 하고 고민했지, 사회과에서는 디딤돌 활동을 하려는 생각을 전혀 해 본 적이 없다.

■ 제황초등학교에서는 디딤돌 활동을 준비운동이라고 표현하고 있다. 체육시간 준비운동을 생각해 보라. 준비운동은 그냥 하는 거다. 이 반은 보니까 사회과부도를 갖고 '지도로 놀기'로 사회 준비운동을 본 차시 내용과 관계없이 그냥 한다. 그런데 아이들이 먼저 찾은 사람을 자연스레 기다리고 그 사이에 다른 부분을 스스로 찾아보는 모습을 볼 수 있었다. 참 훌륭하다.

■ 오늘 사회과부도로 준비운동을 했다. 3학년에 사회과부도를 처음 주었다. 참 좋은 교재인데 어떤 반들은 그것을 고이 보관하다가 버리기도 한다. 나도 사회과부도를 만져 보게 하려고 준비운동으로 썼었다. 사실 3학년에 맞는 내용은 많

이 없다. 하지만 3학년 수준으로 낮추며 이용하는 거다. 지도가 가득 들어 있는 사회과부도는 그 자체만으로도 아이들이 아주 재미있다고 생각하게 된다.

■ 사회과부도는 좋은 자료다. 아이들이 자연스럽게 사회과부도를 보면서 쉬는 시간에도 놀게 된다. 사회과부도와 어떤 형태로든지 놀게 만들어 주는 것이 필요하다. 사회과부도로 놀기로, 매번 사회 시간마다 준비운동을 한다는 그 자체가 참 좋다. 다른 학년도 사회 준비운동으로 특별히 다른 것을 준비할 것이 아니라 이렇게 사회과부도로 그냥 놀았으면 좋겠다.

## 4단계: 수업 나눔으로 내가 배운 것 나누기

### [참가자 성찰]

■ 교육과정 재구성에 대한 고민이 많았다. 그런데 오늘 선생님들의 생각을 들으면서 나의 사고를 전환하게 되었다. 고맙다.

■ 선생님의 눈빛이나 몸짓을 카피해야겠다는 생각을 했다.

■ 그야말로 옛날 생각이 났다. 작년 우리 반 예쁜 아이가 3학
년이 되어서 수업을 하는 모습을 볼 수 있어 좋았다. 이 학교
를 떠나 다른 학교에 가서 업무하는 틈틈이 수업을 하는 사
람으로서 오늘 이 시간이 참 좋았다.

■ 다른 학교 선생님들과 함께 이야기를 나눌 수 있었던 오늘
이 자리가 좋았다.

■ 수업을 준비하면서 아이들이 어떻게 할까 고민을 많이 한
다. 단위 수업을 준비하면서 얼마만큼을 할지 목표와 양을 맞
추는 것 그 자체도 어렵다. 나의 예상이 잘 맞을 때가 거의 없
다. 내가 아직 아이들 수준에서 생각을 못하는구나 싶다. 그런
데 어쩌다 맞을 때가 있다. 그럴 때의 느낌들 때문에 계속 수
업 고민을 더하게 되는 것 같다. 게다가 이렇게 여러 선생님
과 이야기를 나누면서, 수업에 대한 고민을 나만 하는 게 아
니고 나보다 더하는 사람들이 있다는 것에 힘을 얻는다.

■ 나는 너무 수업을 어렵게 한다는 이야기를 많이 들었는데
선생님들과 수업 대화를 나누면서 나를 많이 돌아보게 되었
다. 그리고 조금씩 변하는 나를 보는 게 기쁘다.

## [수업 교사 성찰]

한동안 계속 힘이 빠져 있었다. 이번 주 월요일부터는 몸과 마음의 무거움이 더욱 심하게 이어지고 있어 얼른 한 주가 지나가길 바라고 있었다. 교장 선생님께서는 병원 가서 링거를 맞고 오라셨는데 병원을 싫어하는 나는 가지 않고 있었다. 그런데 오늘 수업 비담을 하고 나니 신기하게도 진짜 링거를 맞은 것처럼 힘이 다시 난다.

왜일까?

수업 영상을 보며, 그리고 선생님들의 협의회 대화를 가만히 듣다 보니 내가 잊고 있던, 아니 눈앞에 있었는데도 알지 못하고 있던 소중한 것들을 다시금 알아차리게 되었다.

우리 반 아이들이 서로 배려하며 나누는 예쁜 대화, 배움에 임하는 진지한 자세, 협력하는 아름다움을 보며 다시 기쁨을 느끼게 된 거다.

오늘 협의회에서 선생님들이 "넌 열심히 하고 있으니 수업에서 다시 자신의 힘을 믿고 나가라."며 가만히 내 등을 토닥이며 지지해 주는 속삭임으로 들렸다.

내가 학교라는 공간에서 힘을 낼 수 있게 해 주는 요인은 무엇일까? 수업 시간에 행복하게 웃고 진지한 눈빛을 보내는 아이들과, 고단한 교사의 길을 혼자가 아니라 바로 내 옆의 동료들과 함께 걸어가고 있음을 느낄 때이다.

"오늘도 나와 함께 해 줘서 우리 아이들아, 동료들아, 정말 고맙습니다. 당신들이 나의 힘입니다."

# 4장. '어떻게'에 집중한 수업 비담

[표 1] 과학 수업 밑그림

| 학년 | 3학년 | 교과 | 과학 | 단원 및 차시 | 4. 소리의 성질(3/11) | |
|---|---|---|---|---|---|---|
| 수업 일시 | 2016년 11월 30일 수 2교시 | | 장소 | 과학실 | 수업 교사 | 이소영 |
| 단원 구성 | 1~2 | 3 | 4 | 5~6 | 7 | 8~9 | 10~11 |

| 단원 구성 | 단원 도입/ 여러 가지 방법 으로 소리 내어 보기 | 소리가 어떻게 나는지 알아보기 | 소리의 세 기와 높낮 이 | 소리의 전달 | 소리 모으는 방법 | 여러 가지 간이 악기 만들기 | 간이 악기 연주회 단원 평가, 평가 피드백 |
|---|---|---|---|---|---|---|---|

| 수업 주제 | 소리는 어떻게 나는 것일까? |
|---|---|
| 수업 흐름 | ⊙ 소리굽쇠로 소리 내기<br>- 소리굽쇠 살펴보기<br><br>⊙ 소리가 나는 소리굽쇠에서 나타나는 현상을 예상하고 관찰해 보기<br>- 소리가 나는 물체에 손을 대어 보면<br>- 소리가 나는 물체에 얇은 종이를 대어 보면<br>- 소리가 나는 물체를 물에 대어 보면<br><br>⊙ 소리가 어떻게 나는지 설명하기<br>- 궁금한 점 나누기 |

| 수업<br>교사<br>의도 | 교사와 아이들에게 질문은 어떤 의미일까?<br>소리의 성질에 대해 배워 나가는 시간이다. 청각이라는 감각으로만 소리를 알<br>고 있던 아이들이 과연 이 시간 동안 어디에서 들썩거릴까? 머릿속으로 그려<br>보지만 예측이 되지 않는다. 그래서 오늘 수업은 3학년 1반 아이들의 반응에<br>따라 만들어 가는 수업을 하고 싶다.<br>3월 초부터 '듣기, 협력, 질문' 3가지를 과학 수업에서 계속 이야기해 왔다. 궁<br>금해하길, 모르면 모른다고 이야기하길, 진짜 이게 맞는지 의심하길, 또 다른<br>생각으로 연결 지을 수 있는 질문을 하길 바란다. |
| --- | --- |

**칠판**

| 이○○ | 공○○ |
| --- | --- |
| 김○○ | 박○○ |

| 갈○○ | 신○○ |
| --- | --- |
| 전○○ | 김○○ |

| 조○○ | 안○○ |
| --- | --- |
| | 김○○ |

| 김○○ | 김○○ |
| --- | --- |
| 원○○ | 구○○ |

| 김○○ | 임○○ |
| --- | --- |
| 이○○ | 황○○ |

| 이○○ | 박○○ |
| --- | --- |
| 최○○ | |

## 수업 들여다보기

전담 교사의 수업이다. '듣기, 협력, 질문'을 중요하게 생각한
다. 교과서에 제시된 내용에 의해 만들어진 수업을 전개해 나가
는 것이 아니라 아이들의 질문과 들썩거리는 반응으로 만들어 가
는 수업을 추구한다. 교사와 학생 사이, 학생과 학생 사이, 교재
와 학생 사이의 상호작용이 어떻게 일어나는지 궁금했다. 충분
히 실험 도구를 만지며 생각하는 시간, 서로 대화를 나누며 상호
작용을 할 수 있도록 시간의 여유를 두고 실험 도구를 순차적으

로 제공했다. 소리는 청각, 곧 듣는 것으로 관찰할 수 있다는 사실을 알고 있는 아이들에게 본 수업은 청각과 시각, 촉각 등 다양한 감각기관을 이용하게 만든다. 아이들의 사고의 흐름에 따라 유연하게 움직이는 수업을 하고 싶다.

### 지난 수업 떠올리기

"지난 시간에 무엇을 했었나요?"

지난 시간에 숟가락, 풍선, 종이 등 다양한 물체를 가지고 소리내기를 했었다는 것을 아이들이 떠올려 보게 했다. 지난주에 갑자기 풍선이 터져서 놀랐던 것을 상기시킨다.

"지난주 4모둠에서 풍선이 터져서 깜짝 놀랐죠? 그런데 풍선이 터진 줄 어떻게 알았어요?"

청각으로 풍선이 터지는 소리를 알아차렸다는 것을 아이들이 말할 수 있도록 묻는다. 과학수업을 하러 오기 전 1교시에 있었던 이야기를 들려준다.

"1교시에 크리스마스 노래가 들렸어요. 선생님은 어디서 이런 소리가 들리나 싶어서 소리가 들리는 곳으로 찾아갔어요. 무용실이더군요. 그런데 여러분들이 거기서 노랫소리에 맞춰 춤을 추고 있더군요."

소리를 귀로 듣고 알아차렸음을 알려 준다.

"우리가 귀로 듣는 것 말고 '소리'가 난다는 것을 알아차릴 수 있는 방법이 있을까요?"

**오늘의 실험 도구를 눈으로만 관찰하고 예상하기**

"이게 뭐지?"

소리굽쇠를 보여 주며 관심을 갖게 한다. 소리가 나는 물체인 소리굽쇠를 가지고 실험을 하는 것임을 알려 준다. 소리가 난다는 것을 감각적으로 알아차린 아이들은 눈으로 보이는 사실로 근거를 들어가며 말한다.

"어떻게 소리가 나는 걸까요?"

[그림 1] 실험 도구를 보고 소리가 어떻게 나는지 상상하도록 한다.

소리굽쇠의 소리가 어떻게 나는지 아이들 스스로 예상하게 만든다. 소리굽쇠에 대한 다양한 아이들의 생각을 듣는다. 소리굽쇠의 쇠 부분을 무엇인가로 두드려서 소리를 낼 수 있다는 것과 밑에 구멍이 뚫린 상자에서 소리가 난다고 이야기하는 아이들이 있다.

다음으로 소리굽쇠를 칠 때 사용하는 막대를 함께 보여 준다. 아이들이 꽹과리채와 비슷하다며 만져 보고 싶다고 한다. 만진 아이들은 물질이 고무임을 알아차린다.

"그럼 소리굽쇠에서 소리를 내어 봅시다."

교사가 시범으로 소리를 들려주지는 않는다. 소리굽쇠와 막대를 모둠별로 제공한다. 아이들이 소리를 직접 내어 확인해 보게 한다.

## 소리굽쇠에서 소리가 나는 현상 관찰하기

[그림 2] 모둠별로 관찰한 사실을 칠판에 기록하고 있다.

"소리굽쇠와 막대를 같이 줄 겁니다. 소리를 내어 보세요. 여러분이 알게 된 사실을 친구들과 칠판에 적어 봅시다. 각 모둠에서 1번 친구들은 나오세요."

[그림 3] 모둠 친구들과 관찰하기

　모둠 친구들은 소리굽쇠와 막대로 소리를 내며 관찰한다. 소리 굽쇠의 곳곳을 두드려 본다. 소리굽쇠의 곳곳에 귀를 대어 본다. 소리굽쇠의 구석구석을 눈으로 살펴본다. 소리굽쇠의 곳곳을 만 져 보며 소리를 느낀다. 다양한 관찰 방법으로 알게 된 사실을 칠 판에 나와서 쓴다.

　교사는 모둠별로 나누어 줬던 소리굽쇠와 막대를 모두 걷는다.

### 모둠별로 발견한 사실로 소리가 어떻게 나는지 설명하기

　"우리 모둠이 발견하지 못한 것을 발견한 모둠이 있는지 칠판 을 같이 볼까요? 친구들이 적은 것 중에서 이상하다, 궁금하다는 것 있나요?"

[그림 4] 소리가 어떻게 나는지 함께 알아보기

"공통적으로 많이 적은 것은 무엇인가요?"

아이들이 발견한 사실을 적은 칠판의 내용을 보며 하나하나 같이 확인한다. 중간중간 질문을 한다.

"소리가 나지 않으려면 어떻게 하면 되었나요?"

아이들이 발견한 사실에서 질문을 던지고 다시 발견한 사실로 연결 짓는다. 대부분의 아이가 나무통에 관심이 많았다. 나무통 안에 손을 넣어 보고 나무통의 구멍을 막아 보는 등 다양한 관찰을 했다.

"그럼 나무통이 없으면 소리가 안 날까?"

아이들에게 되물은 후 쇠 부분만 떼어 낸 소리 막대를 보여 주며 예상하게 한다.

[그림 5] 발견한 사실로 질문 되돌리기

"소리가 날까?"

아이들은 직접 봐야 알 수 있다고 대답한다. 교사가 쇠 부분만 떼어낸 소리굽쇠를 쳐서 소리를 낸다. 그런데 소리가 작다.

손을 대어 보니 간지러운 느낌, 휴대전화의 진동 소리처럼 소리가 난다고 아이들이 말한다. 아이들은 손으로 소리를 느낄 수 있었다.

"그럼, 소리를 눈으로도 볼 수 있을까?"

소리가 날 때 쇠가 흔들리는 것을 눈으로 봤다는 이야기를 하는 아이가 있다.

"소리굽쇠가 소리가 날 때 흔들리는 것을 보았어요. 눈으로 직접 알아보는 또 다른 방법은 무엇이 있을까?"

## 소리굽쇠에서 소리가 나는 현상을 눈으로 확인하는 실험하기 1

소리굽쇠에서 소리가 나는 현상을 눈으로 확인하는 방법을 실험한다. 먼저 종이를 대어 보며 눈으로 소리를 확인하는 방법이다. 소리굽쇠와 막대, 종이를 다시 모둠별로 나누어 준다.

"소리굽쇠를 '땅' 하고 치고 종이를 가까이 대면 종이는 어떻게 될까?"

소리굽쇠로 소리를 낼 때 종이를 가까이 갖다 대면 부르르 떨듯이 움직이는 것을 관찰할 수 있다. 그런데 1모둠은 종이를 어떻게 대어야 할지 모르는 눈치다.

[그림 6] 소리굽쇠에서 소리가 나는 현상을 눈으로 확인하는 실험하기 1

교사가 종이를 대는 위치를 구체적으로 설명해 주지 않은 것이다. 소리굽쇠에 종이를 딱 붙이고 두드리니 종이가 움직이지 않는다. 1모둠은 종이로 소리가 나는 현상을 확인하는 실험에 실패했다.

"어? 왜 안 움직이지?"

소리굽쇠가 소리를 낼 때 소리굽쇠 자체가 흔들리는 것은 눈으로 보이는데 종이가 움직이지 않으니 왜 그런가 의아해한다.

### 소리굽쇠에서 소리가 나는 현상을 눈으로 확인하는 실험하기 2

두 번째로 수조에 물을 넣어서 눈으로 소리를 확인하는 방법이다.

"소리굽쇠를 '땅' 하고 치고 물에 가까이 대면 물이 어떻게 될까?"

직접 실험을 하기 전, 울림통을 떼어 낸 소리굽쇠를 수조 가까이 대었을 때 물이 어떻게 될지 아이들이 예상하여 공책에 쓰게 한다.

그런 다음 아이들이 직접 수조에 물을 담아 오고, 울림통을 떼어 낸 소리굽쇠와 막대를 가져온다.

[그림 7] 소리굽쇠에서 소리가 나는 현상을 눈으로 확인하는 실험하기 2

"선생님, 물이 튀어요."

여기저기서 목소리가 커진다.

"진짜? 물이 튀어?"

진짜 깜짝 놀랐다는 듯이 교사가 크게 반응을 해 준다. 다른 모둠의 소리를 듣고 1모둠도 다시 시도해 본다.

### 정리하기

"소리가 날 때 귀로 소리를 들을 수 있나요?"

"소리가 날 때 손으로 만져서 소리를 느낄 수 있나요?"

"소리가 날 때 눈으로 소리를 알아차릴 수 있나요?"

"소리는 어떤 성질이 있나요?"

소리가 날 때 움직임이 보이거나 느낄 수 있다는 것을 실험을 통해 알게 되었다고 아이들이 자신의 생각을 말한다. 그런데 한 아이가 떨림이 있다는 이야기를 하며, 목소리를 낼 때 목에 손을 대어 보면 떨림을 느낄 수 있다고 이야기한다. 다음 시간에는 이 친구가 한 말로 다시 시작해 보자는 이야기로 수업을 마쳤다.

# 수업 비담 기록

[그림 8] 수업 비담(2016년 11월 30일 수요일 15:00~17:00)

**사회자:** 오늘 수업 교사는 제황초등학교 이소영 선생님이십니다. 오늘 눈에 확 들어오는 분홍색을 입고 계신데요. 화사한 꽃 색깔 옷을 입고 계신 선생님은 저에게 수업 이야기를 항상 편안하게 할 수 있게 만들어 주시는 따뜻한 분이십니다. 선생님으로부터 오늘의 수업 소개를 간단히 듣겠습니다.

**수업 교사:** 3월 초부터 '듣기, 협력, 질문' 3가지를 과학 수업에서 계속 이야기해 왔는데 아이들이 궁금해하길, 모르면 모른다고 말하길, 진짜 이게 맞는지 의심하길, 또 다른 생각으로 연결 지을 수 있는 질문을 하길 바라며 과학 수업을 해

나가고 있습니다. 지금 3학년은 '4단원 소리의 성질'에 대해 배우고 있습니다. 특히 청각이라는 감각으로만 소리를 알고 있던 아이들이 과연 이 시간 동안 어디에서 들썩거릴지 궁금해하면서, 오늘 수업은 3학년 1반 아이들의 반응에 따라 만들어 가는 수업을 하고 싶었습니다.

**사회자**: 수업 비담 협의록 앞면의 1번에 관찰한 사실을 기록하며 수업을 봐 주십시오. 그럼 수업 영상을 보도록 하겠습니다.

## 1단계: 수업 및 수업 교사 장점 찾기

■ 과학 시간은 아이들 스스로가 발견하는 수업이 되어야 한다. 아이들 스스로 발견할 수 있도록 수업 상황을 만들어 주니 시끄러운 거다. 끊임없이 칭찬하고 기다려 주면서 아이들의 궁금증을 유발할 수 있는 발문을 체계적으로 계획하여 했다. 아이들의 호기심을 유발시켜서 좋았다. 발문에 대한 생각을 다시 했다.

■ 학생들이 과학 시간에 가져야 하는 관찰과 예상이 적극적으로 이루어질 수 있도록 처음부터 춤까지 추면서 시작해서 아이들이 마음을 열고 과학 수업을 임할 수 있게 도와주었다.

■ 믿고 기다리는 것이 무엇인지 몸으로 보여 주었다.

■ 아이들이 탐구하고 관찰하는 것을 잘했다. 창의적으로 다양하게 울림, 떨림 등 관찰한 것들을 잘 탐구하고 잘 나누어서 표현해 친구들과 생각을 비교하며 추리해 나가는 것이 재미있었다.

■ 아이들의 이야기를 귀담아듣는 태도와 사소한 것에도 반응하는 것이 좋았고, 끝까지 발문을 해서 이끌어 가려는 교사의 집중력과 허용적 분위기가 좋았다.

■ 아이들의 반응 중심으로 수업을 이끌어 가는 것 같았다. 발견한 것을 칠판에 써 보고, 아이들이 발견한 것에서 진행해 나가다가 울림통을 뺀 것으로 바로 연결해 진행했다. 의도하신 것인지 모르겠지만 아이들의 반응에 따라 바로 이어진 것 같았다. 신기했다. 그리고 과학실이라는 공간은 위험한 공간, 함부로 장난치고 떠들면 안 된다는 인식이 있는데 소리굽쇠를 가지고 물장난을 할 법한데 행동에 대한 통제가 나오지 않았다. "하지 마."라는 소리가 나오지 않았다. 장난을 하면서 그것으로 다시 배우게 하였다.

■ 전담 선생님이신데 전담 선생님 수업 같지 않았다. 공개수업에서 느낄 수 있는 긴장감이 없는 편안한 수업이었다.

■ 마지막에 소리를 목소리로 체험할 수 있게 해 준 점이 좋았다.

■ 아이들을 알게 하는 것에서 중요한 것이 깨침이다. 아이들의 깨침을 위해 교사는 다양한 수업 기술을 사용하였고 과학 기구를 적절하게 사용했다. 과학 탐구 활동 중 의사소통이 활발하게 이루어진 것으로 보아 평소 과학 수업 시간에 잘 형성되어 있음을 느꼈다.

■ 굉장히 소란스러운 수업이라고 느껴졌는데 아이들 이야기가 다시 수업 속의 탐구 이야기로 이어져 가는 것이 신기했다. 아이들의 이야기를 받아서 수업을 진행해 가는 것이 좋았다.

**2단계: 수업에서 관찰한 사실 나누기(모둠별로 실시)**

[그림 9] 4~5명이 한 모둠으로 모여 수업에서 관찰한 사실을 나누는 참가자들

- 자유롭게 탐색할 수 있게 했다. 딴짓을 안 한다. 탐색하는 것을 잘하고 좋아한다. 선생님이 그런 기회를 충분히 준다.

- 불친절하다."종이를 어떻게 대어 봐라. 물에 어떻게 대어 봐라." 이런 이야기가 없으니 자유롭게 탐색할 수 있었던 것 같다. 보통은 실험 순서를 자세하게 안내하는데 여기는 안 그랬다. 보통은 통제를 하는데 왜 안 했을까 궁금하다.

- 스스로 탐구하고 성질을 발견하게 하는 것이 중요한데 우리 는 주입식으로 하는 것 같다.

- 배움에 점프가 일어난 때는 소리굽쇠를 뺐을 때인데, 물속 에 넣었을 때는 선생님조차도 이런 현상을 생전 처음 본 것 처럼 놀란 표정과 소리를 냈다. 아이들도 여기저기 웅성웅 성 놀랐다는 감탄의 표현이 나왔다.

- 아이들에게 미리 예상하라고 안 했는데 미리 예상을 하더 라. 탐구하고 탐색하는 것, 예상하는 것, 표현력이 월등하 다. 관찰한 사실을 그대로 쓰더라. 비슷한 내용이 나오는데 자기 나름대로 느낀 대로 쓴다. 아이들이 과학 수업에서도 표현을 많이 하는 것 같다.

■ 탐구하고 싶어 하는 눈빛이 제일 중요하다. 과학자가 되겠구나, 연구자가 되겠구나라는 생각을 했다. 정말 적극적이더라. 레이저를 쏘는 것 같았다. 자세가 안 좋은 친구도 다시 집중을 했다. 수업이 진행되는 모습에서 수업 교사가 평소 수업에서 발문을 어떻게 하는지 느껴졌다.

■ 우리는 아이들이 '산만하다. 시끄럽다.'라는 생각에서 통제된 수업을 하게 된다. 특히 과학실은 환경이 바뀌므로 아이들에게 던져 주는 수업을 많이 해야겠다는 생각을 했다.

■ 지난 시간에는 소리를 내어 보았다. 이번 시간은 소리의 성질을 배운다. 공부할 문제로 소리가 나는 물체만 적었다. 미리 공부할 문제를 제시하지 않고 나중에 끝날 때 적었다. 참신했다. 공부할 문제를 미리 제시하지 않아 실마리를 주지 않았다.

■ 남자아이들은 두드리고 있고 여자아이들은 기록을 하고 자연스럽게 역할 분담을 하더라. 뭔가 협력하는 분위기가 자연스럽게 만들어졌다.

■ "제가 발견했어요."라며 서로 자기가 발견한 것을 자랑했다.

- 3모둠은 1개만 적었다. 일반적인 보통의 아이들이다. 어떻게 하면 아이들이 적극적으로 참여하게 할 수 있을까? 고민이다.

- 불친절과 친절의 문제가 아니라, '지식 전달이 우선이다'라는 것에 초점을 두면 아이들을 통제하게 된다. 탐구하게 하겠다는 교사의 철학이 있어야 과학 수업의 변화가 가능하다.

→ 모둠 사회자: 이것을 토의 주제로 만들어 봅시다. 교사가 아이를 바라보는 시선.

- '교사는 왜 모두와 눈을 맞추게 하지 않을까?' 과학실의 구조 때문에 교사에게 등을 지고 있는 아이들이 있었다. 그런데 보통은 이런 상황에서 교사는 아이들이 몸을 움직여 모두 앞을 보게 한다. 아이들이 모두 교사와 눈을 맞추고 있지 않으니 빨리 진행되지 않았다. 그런데 선생님은 기다리시더라.

→ 모둠 사회자: 이것을 토의 주제로 만들어 봅시다. 교사의 기다림.

- 아이들이 조용히 내 말을 들었으면 좋겠다. 내가 힘들다. 산만한 아이들을 볼 때 교사는 어떠한가? 이렇게 산만한데

교사가 흔들리지 않으며 1시간 수업이 무사히 흘러가는 것이 정말 신기하다.

### 3단계 : 토의 주제 찾아 함께 말하기

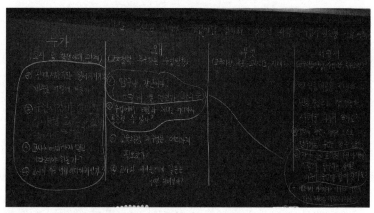

[그림 10] 수업 비담 참가자들이 직접 쓴 질문이 담긴 칠판

---

**왜** (교육철학, 추구하는 수업 방향 …)
4. 교사와 아이들에게 질문은 어떤 의미일까?

---

■ 수업 교사의 질문으로부터 시작: 나에게 질문은 어떤 의미인가? 아이들에게 질문의 의미는 무엇일까? 어떤 상황에서 질문하는 것일까? 교사마다, 아이들마다 각각 다를 것이라는 생각이 든다. 그래서 어제 내 자신에게 물었다. 나에게

질문은 어떤 의미인지 생각해 보니 먼저 아이들에게 미안했다. 나 본위로 수업을 이끌어 가기 위해서 질문을 해 온 거다. 양떼를 쉽게 몰기 위해 편리하게 울타리를 쳐 놓는 의미로 나는 질문을 해 왔다. 아이들은 어떨까 궁금하다. 학급에서 아이들은 어떤 상황에서 질문을 하나?

■ 나는 2가지로 생각한다. 자기를 위해서 질문을 하는 상황이 있고, 다른 친구들에게 들으라고 질문을 하는 경우도 있다. 우리 반에 말하기 좋아하는 아이들은 질문하고 안 듣는 경우가 있다. 질문을 했는데 자기는 안 듣는다. 이런 경우는 다른 사람 들으라고 하는 질문이다. 그런데 진짜 궁금해서 질문하는 아이들도 있다. 그래서 2가지 중 질문하고 안 듣는 아이의 질문은 그냥 넘어간다. 진짜 궁금해서 하는 질문이면 연결 지어 수업 중에 해결해 나간다.

■ 교사가 아이들에게 던지는 질문은 아이들에게 아이디어를 얻고 싶어서, 학습목표로 잘 이끌고 싶어서, 생각을 연결 짓고 싶어서일 것이다. 아이들에게 질문에서 제일 큰 부분은 내가 잘 모르니까 궁금한 것을 해결하기 위한 것이 아닐까 싶다.

■ 나는 1학년을 맡고 있는데, 우리 반 아이들은 알고 싶어서

호기심이 생겼을 때 질문을 한다. 진짜 모르겠다는 예쁜 표정으로 질문을 한다. 그럴 때 아이들이 질문할 수 있는 분위기는 상대방이, 즉 선생님과 친구들이 나의 궁금증을 도와줄 수 있다는 분위기가 형성되었을 때 모른다는 것을 드러내며 질문을 시작한다. 상대방이 이야기를 해 주면 "아~" 하고 알게 되는 거다. 그럼, 교사가 아이들에게 던지는 질문의 의미를 생각해 보자. 선생님이 오늘 수업을 처음 시작할 때, 선생님도 소리의 성질을 전혀 모르겠다는 듯이 질문을 했다. 그러니까 아이들이 '이걸 알아서 선생님한테 알려 줘야겠다'는 마음으로 적극적으로 수업에 임하는 느낌이 들었다. 마지막에 아이들이 선생님한테 "이리 와 보세요." 했다. 자기가 알게 된 것을 선생님이 몰라서 궁금해했으니까 알려 주고 싶었던 거다. 그리고 선생님도 "얘들아, 이것 봐!" 하면서 발견의 기쁨을 아이들과 함께 나누었다. 그래서 오늘 선생님이 수업 교사의 의도로 삼은, 질문이 있는 수업과 맥락이 잘 맞았다는 생각이 들었다.

■ 같은 1학년인데 아이들의 성향이 다르다. 우리 반은 허락을 요하는 질문과 자신이 알고 있는 것과 조금이라도 다를 때 질문한다. 수업 시간에 내가 하는 질문은 몰아가는 질문, 즉 "너희들도 궁금하지? 궁금할 거야. 궁금해야 해."라며 몰아가는 질문을 많이 한다.

■ 아이들이 질문을 할 때 교사의 반응은 교사가 답을 가르쳐 주는 것과 "왜 그럴까? 같이 알아볼까? 해 볼래?" 하며 다시 아이들에게 되돌리는 것의 2가지 반응이 있다. 답을 가르쳐 주면 항상 답을 요구하는 질문만 한다. 아이들에게 되물으면 더 알고 싶어서 질문을 더한다. 교사의 반응이 상당히 중요한 것 같다.

■ 수업 교사의 의도에서 보면 '듣기, 협력, 질문'을 과학 수업 시간에 계속 해 왔다고 되어 있다. 저 같은 경우에는 질문이 제일 처음이다. 그런데 수업 교사는 질문이 제일 끝에 있다. 듣기로 시작해서 마지막에 질문으로 끝나고 싶어 하는 것, 질문으로 더 나아가고 싶어 하는 것을 바라는, 끝나지 않는 열린 수업으로 나아가고 싶어 하는 것을 수업 교사는 꿈꾸는 것 같다. 그런데 수업 교사의 의도에는 없지만 수업 교사는 질문으로부터 출발하고 싶어 한다고 본다. 그런 본질적인 질문으로부터 무엇을 가르칠 것이고 아이들이 무엇을 배울 것인지 결정하기를 바라는 철학적인 질문으로 연결되어서 어렵다고 이야기를 한 것이다.

---

**어떻게** (교육 - 학습 방법, 수업 기술, 구조 …)
2. 어떻게 하면 아이들이 스스로 탐구하는 수업을 할 수 있을까?

---

■ 나는 '어떻게' 2번과 연결해 말해 보고 싶다(어떻게 2번으로 자연스럽게 연결됨). 아이들이 질문을 한다는 것은 탐구한다는 것이다. 오늘 수업에서 보면 아이들이 쇳덩어리 하나를 굉장히 엄청나게 탐구했다. 그 아이들이 탐구하는 자세를 보면, 아이들은 입으로만 질문을 하는 게 아니라 머릿속에서 계속 질문이 일어나고 있다는 생각이 들었다. 이쪽으로 두드려 보면 어떨까? 이쪽에 손을 넣어 보면 어떨까? 왜 울리지? 잡으면 멈출 것 같은데 진짜 그럴까? 하면서 한 번 잡아 보고. 이런 질문들이 계속 일어나고 있는 거다. 그런 것이 아이들을 탐구하게 하는 거다. 그래서 아이들에게 어떻게 하면 탐구하는 수업을 할 수 있을까? 바로 아이들이 질문하게 하라. 궁금하게 하라. 호기심을 갖게 하라. 아까 모둠 협의할 때 내가 관찰한 모둠에서 나온 이야기인데, 결국 선생님은 친절하면 안 된다. 통제해서 일일이 이렇게 해 봐라고 가르쳐 주면 안 된다. "그냥 해 봐라."고 했을 때 아이들이 막 질문하고 두드리고 탐구를 하는 거다. 결국 아이들 스스로 다양한 것을 발견하게 된다.

■ (참관자 대화 흐름에 의해 다시 '왜' 4번 질문으로 돌아감) 나도 질문으로 시작하는 수업을 하고 있다. 질문으로 시작해서 아이들의 생각으로 이끌어 가는 수업으로 나아가고 있다. 그런데 수업 교사의 의도에서 '듣기, 협력, 질문'이 되어 있는 것을 보니 듣기가 먼저이면 갇힌 질문 상황으로 연출되

지 않을까 싶다.

- 그래서 이 질문이 '왜'에 맞다는 생각이 든다. 내 수업으로 시작해서 아이들의 질문으로 끝난다면 그다음은 아이들이 스스로 찾아갈 것이라 믿는 것이다. 그래서 질문으로 끝나기를 바라기에 이렇게 믿고 기다려 줄 수 있는 것이 아닌가 싶다. 질문으로 출발하는 수업이라면 수업 시간 안에 그것이 해결되어야 하고 과정이 분명해야 한다. 수업 교사는 수업 시간 안에 해결되는 것에 별로 개의치 않는 모습을 보인다. 어쨌든 질문이 스스로 내발되기를 기다리고 있었다. 이 수업의 목적이 질문으로 끝나기를 바라는 선생님의 수업 철학이 담긴 수업이었다.

- 맞다. 이게 교육철학이 맞는 게, 나는 초등 교육과정에서 아이들에게 무조건 질문으로 시작하면 안 된다고 본다. 왜냐하면 이 아이들은 이제 막 새로운 것들을 배워 나가고 있다. 아무것도 모르는 아이들에게 "너희들이 탐구해 봐. 지식을 만들어 봐. 질문을 만들어 봐." 하는 건 아니라고 본다. 아이들 스스로 질문으로 시작하기는 힘들다. 그 대신 기초를 제공하고 활동의 끝을 질문으로 마무리하게 한다.

- 이 3가지 '듣기, 협력, 질문'이 순서일 수도 있지만, 어느 순

간에는 듣기인데도 협력이나 질문이 들어갈 수도 있고 질문
인데도 듣기나 협력이 들어갈 수 있다. 그래서 서로 보완하
며 맞물려 간다고 생각한다. 어떤 것은 상황만 주면 질문이
막 나올 수 있다. 과학이라는 것 자체가 아이들은 평소에 궁
금해하지 않았던 상황을 열어 가야 하고, 깨치고 싶은 상황
을 만들어 줘야 하므로, 그래서 듣기가 필요하다고 본다.

■ 3가지 상황 제시가 다 달랐다. 다양한 방법을 다 다르게 접
근해서 아이들이 질문을 만들어 낼 수 있는 기회를 주었다.

---

**누가** (교사·학생 이해, 교사·학생 관계 …)
1. 관계 형성과 질서 지키기 비중을 어떻게 나눌까?
2. 수업 시간에 산만한 아이들을 교사는 어떻게 다루어야 할까?
3. 교사는 어디까지 믿고 기다려야 하나?
4. 교사의 허용 범위는 어디까지인가?

---

■ 수업 보기가 힘들었다. 시끄러웠다. 그런데 수업 교사는 안
거슬린다고 한다. 보통날의 수업이다. 과학실에서의 수업,
전담 교사의 수업이어서 힘들 것이다. 각자 교실의 모습을
돌아보며 다시 이야기를 나누었으면 좋겠다.

■ 나는 떠드는 것을 허용하지 않는다.

- 관계 형성과 경계 세우기, 어느 것을 먼저 해야 할까? 책에는 관계가 먼저라고 나와 있다. 힘든 아이들일수록 관계를 먼저 해야 한다고 나와 있다. 진짜 그럴까?

- 관계라는 것은 선생님이 과연 존재하는가의 문제이다. 관계 형성이 되어 있지 않으면 배움도 일어나지 않는다. 전담교사이지만 평소 아이들과 관계 형성이 자연스럽게 되어 있다. 아이들은 안 듣는 것 같아도 다 듣고 있다. 교사로서 그냥 보아 주기가 힘들 텐데 그냥 봐 주고 있다.

- 나는 질서가 먼저라고 생각한다.

- 구별이 가능할까? 질서는 아이들에게 알려 줘야 하는 부분이다. 관계라는 것은 나하고 어느 정도의 거리를 만들 것인가이므로 두 개가 동시에 이뤄진다고 본다. 교사의 허용 범위에 따라 달라진다고 본다. 허용 범위가 좁은 사람은 질서 지키기가 먼저일 거고 허용 범위가 넓은 사람은 관계 형성이 먼저일 거다.

- 그래서 학교문화가 중요하다. 담임 선생님뿐 아니라 모든 교직원이 아이들을 관찰하는 거다.

■ 수업 교사는 "이 아이들, 참 재미있어."라는 말을 많이 했다. 소란스러운 상황 안에서 아이들의 배움이 있을 것이라는 믿음이 있다고 본다.

■ 전담에게는 관계 형성이 먼저라고 본다. 나를 먼저 좋아하게 만들어야 교사의 말을 들어 준다. 마음의 문을 열기 시작하면 조금씩 규칙들을 알려 줄 수 있다.

■ 교사는 성장한다고 본다. 20, 30, 40대 때마다 다를 것이다. 나이가 들면서 아이들을 바라보는 눈은 달라진다. 그렇다고 봤을 때, 어떤 한 선생님의 지금 모습만을 보고 이야기하면 안 된다. 아직은 미숙하지만 넓은 눈, 깊은 눈으로 바라봤으면 좋겠다고 본다.

■ '엄격하다'와 '권위적이다'를 혼동하면 안 된다. 허용 범위가 좁다고 아이들과의 관계 형성이 안 되는 것은 아니라고 본다. 관계는 여러 가지 복합적인 것에서 나온다고 본다. 나는 교사가 허용 범위를 끝까지 지켜 가는가가 더 중요하다고 본다. 일관성을 갖는 것이 더욱 중요하다고 본다.

■ 상황이 달라질 때 교사가 일관된 모습을 보여 주는 것은 정말 힘들다.

- 교사의 입장에서 생각하는 것이 아닌가 싶다. 초등학생들이 가져야 하는 태도의 범위를 이해해야 하지 않을까 하는 생각이 든다. 매년 교사에 따라 달라지는 것은 아니라고 본다. 6년을 사는 동안 아이들은 매년 눈치를 보지 않을까?

- 나는 아이들은 여러 종류의 교사를 봐야 한다고 본다. 교사가 허용 범위를 끝까지 지켜 나가는 것은 중요하다.

- 학교문화를 다시 말해 보자. 학부모와 자녀의 관계는 변하지 않는다. 그런데 선생님은 1년마다 바뀐다. 일관성이 이긴다. 그래서 학부모가 매번 이긴다. 학교문화는 공통적으로 질서와 경계가 있는, 학교의 합의가 있어야 한다. 다만 너무 구체적이면 안 된다. 교사상 정도로 이해하고 합의가 있어야 한다. 교사의 허용 범위가 넓다는 것에 대해 아이들은 그렇게 생각하지 않는다. 교사가 없다고 생각한다. 교사에게 정하게 하는 것이 아니라 아이들에게 정하게 해야 한다.

## 4단계: 수업 나눔으로 내가 배운 것 나누기
### [참가자 성찰]

- 6월에 신규 발령 받은 교사이다. 오늘 이 자리에서 나오는 선생님들의 이야기는 지금까지의 교직 생활 동안 깊이 생각한 결과라고 본다. 나는 사실 그런 생각을 한 번도 안 해 봤

다. 안 듣고 있는 것 같아도 가만히 들으면서 많이 배웠다. 오늘 '누가'에 2번을 내가 썼다. 내가 허용 범위가 매우 좁다는 것을 오늘에야 알아차렸다. 대부분의 상황에서 도움이 안 된다는 것을 알면서도 계속 내 위주로 강요해 왔던 것 같다. 다시 나를 돌아봐야겠다고 생각했다. 오늘 이 시간이 많은 도움이 되었다.

■ 6학년 담임을 하다 보면 학급에서 틴트 바르는 것, 생활지도 하나 하는 것도 힘들다. 동학년에서 공통적으로 지도하는 것도 힘들더라. 그런데 학교 전체의 공통적인 합의는… 정말 힘들다고 본다. 그래서 학교문화라는 것이 더 중요한 것 같다. 공통된 가치관이 필요하다. 맞다 틀리다의 문제가 아니라, 합의를 통해 서로 생각이 다르다는 것을 나누는 것에서 출발해 가치관을 맞추어 가는 것이 중요하다고 본다.

■ 나는 허용 범위가 넓은 편이라 본다. 우리 반을 돌아보았다. 학년 초반에는 좋았다. 그런데 지금은 사실 많이 힘들다. 초반에 나름대로 대화로 질서를 이해하게 만들려고 했는데 이것이 과연 맞는지, "이렇게 해라, 나를 따르라."라고 지도하는 것이 맞는 것인지 계속 고민했다. 오늘 토의 주제로 나온 관계 형성과 질서 세우기라는 측면으로, 다시 고민해 봐야겠다고 생각했다.

■ 30년 된 교사다. 그동안 아이들이 너무 많이 변했다. 5년 전부터는 급속하게 변한다는 것을 느낀다. 우리가 놓치고 있는 것은 무엇일까? 아이들 머릿속에, 가슴속에 있는 것은 무엇일까 고민을 해야 할 시점이다. 아이들이 어떤 상황인지 정확하게 알고 인간이 무엇인지 아는 것이 먼저 필요하다고 본다. 그리고 무엇보다 요즘 이렇게 기운찬 아이들에게 교사가 기운을 뺏기면 안 된다. 친절해야 하긴 하지만 주도권을 뺏기면 안 된다. 그런데 쥐락펴락 현란하게 해 줘야 하지만 관계 형성도 놓치면 안 될 것이다. 정말 갈수록 어렵다. 오늘은 아이들이 어떤 존재인가에 대해 다시 깊이 있게 생각해 본 시간이다.

■ 허용이라는 것, 아이들과 교사 간의 합의, 교사 공동체 간의 합의, 교사의 일관성에 대해 이야기를 하셨는데 그중 교사의 일관성 부분이 요즘 나 자신에게 던지는 화두이다. 요즘 일관성을 어떻게 유지할 것인가에 대해 고민하고 있는데, 내가 아이들을 생각한다고 여기는 그 자체가 착각일 수도 있겠다는 생각이 오늘 이 시간에 들었다. 아이들 중심이 아니라 지극히 교사 중심적인 사고를 하고 있는 것은 아닌지에 대한 질문을 다시 내게 던지게 되었다.

**[수업 교사 성찰]**

질문에 대한 이야기를 하고 싶었다.

여러 선생님과 함께 이야기를 나누며 질문의 의미에 대한 생각을 정리해 보고 싶었다.

그런데 선생님들의 이야기를 들으면서 교사로서의 나 자신을 다시 생각해 보는 시간이었다.

나는 허용 범위가 좁다.

그런데 수업을 본 다른 선생님들은 내가 허용 범위가 넓다고 말한다.

그럼 나는 허용 범위가 좁은 걸까? 넓은 걸까?

상대적이긴 하겠지만 수업 시간과 생활지도 상황에서의 내가 다른 것 같다.

이중적이라고 할 수 있지 않을까?

게다가 나는 매년 달라지고 있다.

작년의 나와 올해의 나는 또 다르다.

사실 내가 어떤 교사인지 항상 까먹는다.

특히 제황초등학교에 오고 난 다음부터는 매년 새롭게 태어나는 것 같다.

분명 내년의 나는 또 다를 것이다.

그래서 오늘 이 시간이 참 소중하다.

선생님들의 이야기 속에서 장단점이 여과 없이 드러나며 내가 평소에 보지 못하는 나를 돌아볼 수 있는 시간을 갖게 해 주었다.
그래서 수업 협의는 매주 계속되어야 한다.

# 4부

수업 비담 성찰 – **모두 함께 성장을 꿈꾸다**

# 1장. 수업 교사 이야기

수업 교사는 협의회에서 왜 말을 하지 않을까?

수업 교사에게 궁금한 것이 많은데 그건 어떻게 해결할까?

수업 교사는 협의회에서 무엇을 얻을 수 있을까?

# 수업 교사 이야기 1

## 입을 닫고 귀를 여니 많은 것이 보인다

황유정 선생님(창원 감계초등학교)

작년의 '아이함께연구회' 수업 실천 사례 발표와는 달리 올해는 집을 나서는 순간부터 수업을 공개하는 수업 교사의 마음답지 않게 전혀 떨리지 않았다. 수업을 그 자리에서 하는 것이 아니라 사전에 찍어 둔 영상을 보고 협의를 하는 것이라 그랬고, 또 협의회 방식이 수업 교사의 수업을 평가하고 지적하는 것이 아님을 알고 있어서 그랬던 것 같다. 그런데 소강당에서의 프로그램 후 수업을 공개할 교실로 이동하며 계단을 하나씩 오를 때마다 점점 긴장감이 올라갔다. 지부 내에서 나의 수업으로 협의를 가졌을 때에는 같은 지부 식구라 별 부담감이 없었는데, 아무래도 처음 보시는 선생님들과 다른 지부의 협동학습 식구에게 공개하는 것이라 긴장을 안 할 수 없었다.

열한 분의 선생님께서 나의 수업을 보러 들어오셨고, 협의회가 시작되었다. 수업 교사는 말은 안 하는 것이 원칙이라 수업 안내 후 협의회 내내 한 마디도 안 하고 입을 닫았다. 1시간 넘게 한 마디도 안 하는 것이 어떻게 보면 편하기도 했지만 매우 힘든 과정이기도 했다. 하지만 입을 닫고 귀를 여니 입을 뗄 때보다 더 많은 것을 얻게 됐다. 애초에 말을 못 하니 "그때는 이래서 그랬어요."라고 설명 혹은 변명하고픈 생각이 싹 사라지고 대신 토의를 하시는 선생님들의 한 말씀 한 말씀이 머릿속을 채우며 '아!' 하는 깨침과 '나도 저렇게 생각했었는데!' 하는 공감, '저런 부분까지도 생각해 볼 수 있겠구나.' 하는 배움이 생겨났다. 겉으로 보면 토의에 직접적으로 참여를 안 하는 듯 보여도 내면을 들여다보면 그 시간에 가장 활발한 움직임이 일어나고 있는 곳이 수업 교사의 마음이 아닐까 하는 생각이 든다.

　모둠 토의를 통해 나온 전체 토의 주제들을 보며 참 신기하였다. 같은 수업으로 협의를 하는데도 통영지부에서의 협의회 때와는 다른 새로운 주제가 나오기도 했다. 하나씩 주제를 잡고 토의해 나가며 서로의 고민에 공감하고 의견을 나누고, 선생님들만의 방법, 사례들을 공유하며 서로 배우는 시간이 참 뜻깊었지만, 무엇보다 의미 있었던 것은 칠판에 빼곡히 적힌 하나하나의 주제들이 매일의 일상에 쫓기어 저 뒤로 밀어 두었던 나의 교육철학과 교사관에 대한 고민을 끄집어 내어 가장 위로 떠올려 주는 것이었다. 그동안 내가 무엇을 놓치고 있었는지에 대해 스스로 생각하게 되고, 거기에 선생님들의 여러 의견이 살로 덧붙여져 내가 원하고 있던 아이들과의 관계, 교사의 모습을 다시금 다잡는 계기가 되었다. 협의회에서의 이런 깨침이 일상에도 녹아들어 한 뼘 더 성장할 수 있기를 바란다.

# 수업 교사 이야기 2

## 수업 비담을 통해 들여다본
## 내 안의 또 다른 나

### 김정수 선생님(밀양 예림초등학교)

교사에게 수업은 매일 먹는 밥처럼 친숙하면서도 '오늘은 뭘 해야 하나? 어떻게 하지?'라는 고민의 반복이다. 수업을 하고 나서 다시 되돌아보면 '아, 이럴 때 이렇게 했었어야 하는데….'와 같은 후회와 함께 '저 상황은 뭐였지?' 같은 궁금증을 남길 뿐, 혼자 되새김질하는 수업은 풀리지 않는 실타래와 같았다. 그러던 중 '아이함께연구회'(옛 경남협동학습연구회)에서 주관하는 '함께 성장하는 수업 나눔'을 통해 수업 실천 사례를 함께 공유하는 기회를 얻었다. 수업을 준비하고 실행하고 되돌아보는 3단계의 과정 속에서 조금이나마 새롭게 성장한 점을 살펴보면 다음과 같다.

수업을 준비하는 과정에서 얻은 가장 큰 깨달음은 '준비하고 고민한 만큼 수업은 달라진다.'는 것이다. 수업을 디자인하고 자료를 준비하면서 실제 수업 장면을 수없이 시뮬레이션하게 된다. 활용하는 자료에 따라, 교사 발문의 조그만 토씨 하나에 따라 수업의 흐름이 달라질 수 있다. 그런데 공동 수업설계를 통해 밀양지부 선생님들과 여러 가지 수업에 대한 고민들을 함께 나누면서 실제 수업에서 발생할 수 있는 오류들을 줄여 나갈 수 있었다. 다양한 배경 지식을 지닌 동료 교사들의 공동 사고 과정은 교사 개개인이 지닌 빈틈을 조금씩 메워 주는 역할을 해 주었다.

수업을 실행하는 과정에서 '수업은 교사와 학생들과의 상호작용을 통해 완성되는 것이 아니라 배움을 추구하는 과정이다.'라는 것을 느꼈다. 사전 수업 준비를 하고 시작하지만 머릿속에 그려 보았던 상황과는 다른 방향으로 수업이 흘러가는 경우가 많다. 특히 이번 수업에서도 학생들이 과학 현상을 스스로 탐구하고 친구들과 함께 생각을 나누는 과정 속에서 과학적 개념이나 원리를 발견하는 경험을 하면 좋겠다는 의도로 계획하였지만, 생각했던 반응이 나오지 않아 계속 교사의 설명과 추가 발문이 많아졌다는 아쉬움이 있다. 하지만 계획은 말 그대로 계획이고 우리 반 학생들과 지금 이 순간 함께 만들어 가는 것이 배움의 시작이며, 배움의 완성은 그 수업 시간이 지난 이후에도 계속 연결되는 것이라 생각하고 부족한 수업이지만 촬영한 영상을 공개하게 되었다.

마지막으로 '수업 비담'을 통해 수업을 되돌아보는 방식은 수업 고민을 해결할 수 있는 새로운 실마리를 던져 주었다. 첫 번째 실마리는 학생 중심의 수업 영상 촬영 장면을 교사 스스로 객관적인 눈으로 바라볼 수 있다는 것이다. 수업 중 교사가 발견하지 못했던 학생들의 모습, 교사의 발문에 대한 솔직담백한 학생들의 반응 등을 카메라의 눈으로 관찰함으로써 수업 개선을 위한 새로운 정보를 얻을 수 있었다. 두 번째 실마리는 수업에 대한 긍정적인 마음을 가지게 된다는 것이다. 수업 비담은 철저하게 본 수업의 잘한 점이나 수업을 통해 배운 점 말하기로 시작된다. 이러한 방식은 수업 교사에게 용기와 자신감을 불러일으키고, 참관자에게 객관적인 사실에 기초한 수업 바라보기의 눈을 길러 준다. 세 번째 실마리는 수업 협의회의 4가지 생각 나눔 관점(누가, 왜, 무엇, 어떻게)이 교육철학, 교육과정, 교수·학습 방법, 교육평가와 밀접하게 관련되어 있어서 처음에는 하나의 수업 들여다보기로 시작되지만 결국은 내 안의 수업을 넘어 보다 나은 수업에 대한 다양한 생각들을 펼치고 모으는 과정을 통해 협의회에 참여한 교사들이 함께 성장하는 밑거름이 된다는 것이다.

"삶의 복합성은 단순한 담론적 원리로 환원되지 않는다."(김우창, 2014)라는 말이 있다. 수업의 전문성 향상을 위해 수많은 자기 연찬, 수업 협의회를 통해 배우게 되는 '단순화된 담론적 논리들'은 항상 학교 현장에서 나의 삶의 다양성에 의해 부식되곤 한다. 하지만 나만의 우물 안에 갇혀 있는 것보다는 함께 더불어 숲을 이루는 동료 교사들이 던지는 단순하지만 깊은 그것들이 쌓이고 쌓여 수업에 대한 문제를 해결하는 실마리가 될 것을 믿는다.

# 수업 교사 이야기 3

## 같은 고민을 하는 분들과 나누는 소중한 자리

심재형 선생님(함안 가야초등학교)

지난 9월 가야초등학교로 신규가 아닌 신규 발령을 받고 컨설팅 장학을 받게 되었다. 그때 같은 학교에 근무하시는 수석교사 선생님의 제안으로 '아이함께연구회'라는 곳을 처음 알게 되었다. 그 이후 일주일에 한 번씩 선생님들과 함께 수업에 대해 여러 가지 이야기를 할 수 있었다.

지난 4년 동안 다른 지역에서 근무하면서 수업에 대한 답답함이 많았다. 해가 지날수록 내 수업을 받는 학생들이 즐겁고 행복하지 않다는 것에 대한 걱정이 답답함으로 나타났던 것 같다. 이번에 수업을 준비하면서도 걱정이 되는 것이 사실이었다. 같은 학교 선생님뿐 아니라 많은 선생님에게 나의 즐겁지 않은 수업을 보여야 한다는 부담감이 적지 않았다. 하지만 함안지부 선생님들께서 수업 주제부터 활동까지 거의 모든 부분에서 많은 조언을 해 주셨고, 새로운 협의회 방식 덕분에 조금이나마 편하게 수업을 준비할 수 있었다.

새로운 협의회 방식은 신선했다. 그동안의 협의회는 주로 수업의 문제점에 대해 많은 이야기를 나누었다. 내가 몰랐던 부족한 부분이 드러나기도 하지만 이미 알고 있는 나의 부족한 부분이 수면으로 드러날 때면 편하지 않았던 것이 사실이었다. 그러나 수업 비담의 새로운 방식은 오히려 나의 문제점에 대해 내가 선생님들에게 이야기하고 조언을 듣고 싶을 정도였다. 그리고 나의 수업을 매개로 여러 가지 더 깊은 고민들을 나눌 수 있었던 것이 인상적이었다.

이번 수업과 협의회를 하면서 들었던 의문이 많았다. '동기 유발은 반드시 필요한가?'부터 '모둠 활동을 활발하게 할 수 있는 방안은 없을까?', '도덕 교과는 교사와 학생들에게 어떤 의미인가?', '흥미와 학습목표를 동시에 달성하기 위한 좋은 방법은 없을까?' 등 수업을 준비하고 협의회에 참여하면서 나의 수업에 대해 뒤돌아보게 되었고 고민거리가 점점 생겨났다. 또한 많은 선생님이 비슷한 고민을 함께한다는 사실도 알게 되었다. 이번 수업 페스티벌은 나를 조금 더 고민 속으로 빠져들게 하는 소중한 시간이었다.

## 수업 교사 이야기 4

## 제가 가장 많이 배운 것 같아요

황현정 선생님(창원 안골포초등학교)

보통 한 차시 수업을 준비할 때 다양한 자료 속에서 저희가 하고 싶은 말을, 가장 중요한 자료를 뽑아서 이야기를 나누잖아요. 어떻게 하면 아이들을 수업목표에 도달하도록 이끌 수 있는지를 놓고 이야기를 하는데 오늘 저의 수업은 우리의 대화를 나누기 위한 하나의 매개였다고 생각합니다. 수업 대화거리로 제공할 수 있게 해 주셔서 정말 감사합니다.

오늘 수업 비담을 통해 제가 가장 많이 배운 것 같아요. 처음 이 수업을 낼 때 정말 고민을 많이 했어요. 그런데 이렇게 내고 나면 선생님들께서 여러 가지 배움을 주실 거고 그 과정에서 제가 많이 배우지 않을까라는 생각이 들어서 과감하게 냈습니다. 그런데 오늘 협의 과정에서 듣고 보니 제가 미처 보지 못했던 부분들을 선생님들께서 콕콕 찍어서 이야기를 해 주시니까 다시 한 번 더 그 부분에 대해서 고민을 해 봐야 되겠다는 생각을 하게 되었습니다. 나의 수업을 나의 눈으로 봐서 찾아내는 것보다 다른 선생님들의 눈을 통해 받아 가는 게 훨씬 많은 것 같습니다. 이렇게 좋은 자리에 많은 배움을 주셔서 정말 감사합니다.

# 수업 교사 이야기 5

## 수업을 남에게 당당하게 공개하고
## 객관적으로 내 수업을 바라보기

### 최정연 선생님(창원 제황초등학교)

수업 공개는 언제나 나를 다시 돌아보게 한다. 교직 경력 5년이 넘는 순간부터 연 2회 이상의 동료 장학 및 학부모 공개로 교실 현장에서 나의 수업을 보여 주는 것이 어느 정도 익숙해졌다. 하지만 늘 왜 수업을 공개해야 하는지 잘 몰랐다. 학부모 공개수업은 당연히 학부모에게 '나는 아이들과 이렇게 수업하고 있습니다.', '당신의 자녀는 수업에서 이렇게 배우고 있고, 이런 활동들을 합니다.'라는 것을 알려 주기 위함이라는 것은 안다. 그런데 동료 장학은 왜 하는지 모르겠다.

동료 장학을 한다고 해도 40분 내내 수업에 집중해서 참관하는 동료도 적으며, 그렇게 참관하는 것은 예의가 아니라고 생각하는 동료도 많다. 그리고 동료 장학이 아닌 선배 교사(장학사, 교장, 교감, 수석교사)들에 의한 장학의 경우 40분 수업을 심도 있게 관찰한 후 협의회 때 이것이 잘못되었고, 이것을 이렇게 하면 더 좋았을 것이고, 이때 이런 행동을 했어야 한다는 가르침을 빙자한 지적을 당한 경우가 많아 기분이 늘 좋지 않았다. 이런 분위기 때문에 어느 순간 동료 장학 후 이루어지는 수업 협의에서는 칭찬 일색이었고, 좋은 말 대잔치를 벌이며 시간을 버리기 일쑤였다.

그러던 어느 날 수업 공개를 비디오 촬영본으로 하는 것이 유행했고, 자기 반 아이들을 내버려 두고 참관해야 했던 공개수업 대신 홈페이지에 탑재된 동영상을 보는 것으로 대체되었다. 이 방법이 처음 소개되었을 때 참 좋다는 생각을 했다. 우리 반 아이들과도 제대로 수업을 하고, 여러 선생님의 수업을 공간과 시간에 구애받지 않은 상태에서 자유롭게 볼 수 있다는 것은 정말 좋은 일이라 생각했다. 문제는 나 자신의 비디오 촬영본이었다.

처음 나의 수업을 촬영한 후, 나는 내 수업을 1분도 보지 못했다. 동영상 속의 나를 교사로 바라보는 것이 아니라 그저 한 명의 여자로 바라보며,

'아~ 내 몸이 왜 이렇게 뚱뚱하지?'

'턱이 이렇게 돌출되었었나?'

'나 너무 못생겼는데… 진짜 이게 내 모습이야?'

와 같이 외모만 보였다. 한동안 못 보겠던 그 영상을 용기 내어 다시 열었을 때는,

'발음이 왜 이렇지?'

'내가 말할 때 저런 말을 많이 쓰는구나.'

'표정이 왜 저래?'

같은 것만 눈에 들어왔다. 그래서 한동안 수업 비디오 촬영을 하지 않았다.

그러다 수업 비담을 만나 수업 교사가 되었다. 나의 수업을 촬영한 영상을 보고 교사들이 이야기를 나눈다고 했다. 나도 참관자가 되어 몇 번 참여한 적이 있는지라 용기를 내어 수업 교사가 되어 보았다.

참관자로서 수업 비담에 참여했던 경험 탓인지 이전 촬영보다 내 모습이 덜 신경 쓰였다.

그리고 협의를 위해 비디오를 보면서 내가 아닌 아이들이 처음으로 눈에 들어왔다.

수업 상황에서 아이들을 모두 눈에 담고 있어야 하지만 모둠 활동으로 소란하거나 다른 아이들을 지도하고 있어서 보지 못했던 아이들의 행동과 이야기가 보였다. 아이들이 눈에 보이기 시작하면서부터 더 이상 나의 외모나 행동은 눈에 들어오지 않았다.

그리고 아이들의 행동과 표현 하나하나가 내 머릿속에 들어왔다.

그 과정에서

'아~ 이 부분이 아이들에게 어려웠구나.'

'평소 이래서 저 아이를 힘들어했었는데 이유가 있었구나.'

처럼 아이들을 이해하고 내 수업을 다시 보기 시작했다.

협의회를 본격적으로 시작하면서 나의 의도와 달리 내 행동, 수업설계, 아이들의 행동을 참관자들의 말로 해석하고 의미를 부여해 줄 수 있었다.

그때 내 수업에 대해 더 이해할 수 있었고, 교사로서 나 자신을 더 들여다볼 수 있었다. 물론 그들이 오해하고 있는 부분이나 내가 변명하고 싶은 부분이 있어도 수업 교사가 협의 내용에 대해 발언할 수 없어 답답한 면도 있었지만, 그 답답함을 뒤로 한 채 그들의 이야기를 귀를 기울이다 보면 자연스럽게 그 문제도 해결되어 있었다.

또 여럿이 함께 나누는 이야기 속에서 내 수업 상황만을 가지고 이야기하지 않았고, 그들의 수업 상황을 가지고 내 수업 속에서 이야기를 하다 보니 내 수업이 나 혼자만의 것이 아닌 우리 모두의 것이 되는 것 같았고, 점점 내 수업을 객관적으로 볼 수 있게 되었다.

나도 지금도 여러 사람 앞에 서면 떨리는 사람이다.

내 수업에는 오류도 많다.

내가 가장 좋은 방법이라고, 최선의 길이라고 선택한 수업도 어떤 아이에게는 최악이 될 수 있고 좋다는 생각도 지극히 주관적일 수 있다.

그래서 수업 공개는 여전히 떨리는 숙제다.

하지만 수업 비담의 수업 교사로 참여한 후 나는 더 이상 움츠러들지 않는다. 당당하게 내 수업을 남에게 공개한다.

수업 비담이라면 내 수업 속 오류가 발견된다 하더라도 나 혼자만의 잘못으로 치부하는 지적질의 협의회가 아닌, 함께 고민할 수 있는 중요한 오답이 되어 협의회의 훌륭한 토의거리가 될 것이라는 것을 알기 때문이다.

그리고 답이 정해져 있지 않지만, 더 나은 수업이라는 답을 위해 내 수업을 객관적으로 바라볼 수 있기 때문이다.

# 2장. 참관자 이야기

우리 학교에서는 왜 안 될까?

수업 비담이 무슨 말이지?

수업 영상만 보고 어떻게 수업 협의회를 하는 걸까?

참관자는 협의회에서 무엇을 얻을 수 있을까?

**참관자 이야기 1**

## 이런 협의회라면 매주 해도 좋겠다

김혜진 선생님(창원 안골포초등학교)

수업을 부담 없이 관찰하고 나의 수업에 접목하기 위해 분석하는 '작업이 재미있다.'라고 느껴지는 건 오랜만의 일입니다.

나의 수업을 공개하는 것도 남의 수업을 관찰하는 것도 그다지 편한 마음이 아니었는데, 이런 공개수업이라면, 이런 협의회라면 매주 해도 좋겠다는 생각이 듭니다.

함께 생각을 나누고 이야기를 나누는 중에 배울 것이, 나의 수업에 적용할 것이 너무 많아 자꾸 겸손해지고 자꾸 풍성해지는 요즘입니다.

## 참관자 이야기 2

## 수업 협의로 힐링하다

김혜련 선생님(김해 금산초등학교)

공개수업 참관은 몇 번 했어도, 이렇게 수업 협의회를 경험한 건 처음이다. 색다른 협의회 속에서 정신이 없었지만 배울 점이 무척 많았다. 좋은 시간이었다. 머리를 복잡하게 만들어 평소 비판거리나 고민거리로 바라보지 않았던 것을 고민하게 만드는 수업 협의회였던 거다. 처음 뵌 선생님과 고민을 주고받다 보니 어색하기보다는 공통의 고민을 갖고 있다는 공감대를 형성하게 되고 힐링되는 느낌으로 협의회에 참석했다. 어떤 이야기를 해야 할지 고민이 되었는데 다른 선생님들께서는 능수능란하게 이야기를 척척 하시는 게 부러웠고 나 자신에 대해 반성이 되었다. '비담'의 뜻이 무엇인지 궁금했는데 비우고 담는 협의회라는 말에서 와닿음이 있었다.

## 참관자 이야기 3

## 우리 반 아이들과 같구나

강민경 선생님(밀양 송진초등학교)

수업 비담에 참여하면서 교실 문턱 낮추기가 꼭 필요하다는 생각을 가지게 되었습니다. 저는 저경력 교사이기 때문에 처음 맡는 학년에 대해서는 두려움도 크고 실수도 많습니다. 처음 1학년 담임을 하면서 설레기도 했지만 막연한 두려움도 컸습니다. 주변 선생님들께 조언을 구하는 것도 도움이 되었지만 사실 크게 와닿지는 않았습니다. 오늘 협의회 하기 전 1학년 국어 수업 영상을 함께 보면서 많은 위로를 받았습니다.

'전국 모든 1학년들이 우리 반 아이들과 같구나!'

내가 너무 1학년들에게 많은 것을 기대하고 있었다는 것을 느끼고 반성하게 되었습니다. 수업 공개라는 부담감을 내려놓고 학생들의 배움에 대해 솔직하게 이야기할 수 있는 기회가 많았으면 좋겠습니다. 물론 그 과정이 힘들 것이라고 생각이 들지만 학생들에게 1년이라는 시간은 어른들의 1년과 비교할 수 없을 정도로 큰 영향을 끼칠 수 있는 소중한 시간이라는 생각이 듭니다. 그래서 수업 공개, 수업 협의라는 단어부터 고민해 봐야 되지 않을까라는 생각이 듭니다.

## 참관자 이야기 4

## 전보다 훨씬 마음이 가벼워졌다

최자옥 선생님(김해 봉황초등학교)

봉황초등학교가 행복학교 2년 차에 접어들면서 '수업 나눔'이 큰 숙제다. 업무지원팀은 '어떻게 하면 선생님들이 부담을 느끼지 않으면서 '수업 나눔'을 자연스럽게 받아드리도록 할까?' 늘 고민하고 있다. 제황초등학교에서는 특수교사가 일반 학급 학생과 하는 장애 이해 수업을 공개했다. 조금은 투박하지만 진정성 있는 수업, 우리 학교 복도를 지나면 흔히 볼 수 있는 수업이어서 따뜻했다. 수업을 보는 눈을 바꿔야 한다고 말하지만 어느 정도 수준에서 수업을 준비하고 공개해야 하는지 고민이 컸는데 '아! 이 정도로 시작하면 되겠구나. 더도 말고 딱 이 정도 시작하면 누구나 부담스럽지 않겠구나.' 싶어 고맙기도 했다.

자신의 생각과 질문을 포스트잇에 써서 칠판에 붙이고 그 질문을 풀어 가면서 수업을 해 나갔다. 중간에

"장애는 치료가 되나요?"

"특수교사는 어떻게 되나요?"

"장애인의 날은 왜 생겼어요?"

엉뚱한 질문에도 알맞은 대답을 해 나갔다. 전체적으로 보면

교사가 설명하는 부분이 많이 차지했지만 교사가 가르칠 내용을 ①번부터 ⑤번까지 준비해 놓지 않고 학생들의 질문으로 이어 갔기 때문에 학생들도 함께 만들어 가는 수업이었다고 생각한다. 장애나 장애인은 일반 사람이 잘 모르는 영역이기 때문에 학생 스스로 생각하는 시간을 많이 갖는 것보다 전문가인 교사가 설명하는 것도 괜찮다고 생각한다.

수업을 시작했는데 늦게 들어오는 아이, 중간에 화장실 가는 아이, 포스트잇을 붙이면 자연스럽게 선생님에게 질문하는 아이, 주저하지 않고 질문을 던지는 아이, 선생님이 'OO'처럼 이름을 자연스럽게 부르는 것을 보니 일반 학급이지만 서로 교류가 많았고 관계 형성이 잘되고 있다고 느꼈다. 평범한 내용에 움직임이 많지 않은 수업이지만 학생들의 집중도가 매우 높아 보였는데, 평소 이런 관계가 바탕이 되었다고 생각한다.

무학년 프로젝트 수업을 하면서 특수학급 담임도 모두 참여한다고 하는데 우리 학교에서도 꼭 해 보고 싶은 일이다. 장애 이해 수업에서 수업목표는 무엇이었을까? 1시간에 학생들의 행동이 많이 변화하지는 않는다. 이 수업을 하면 학생들이 장애를 어떻게 볼 것인가 뚜렷한 관점을 가진다 해도 아주 좋은 수업이라 생각한다. 보통 굉장히 교훈적으로 흐를 수 있는 내용인데 6학년 수준에서 장애인 친구를 현실적으로 어떻게 대하면 좋은지 그 방법을 자세하게 안내해서 좋았다.

관심보다는 배려를 강조했는데, 관심은 나보다 어려운 사람,

낮은 사람에게 갖는 마음인 것 같고 배려는 우리 모두가 서로에게 가져야 할 마음인 것 같다. 장애인을 배려하는 마음. 이 수업을 하면서 교사는 이런 관점을 계속 전해 주고 싶은 게 아닌가 싶었다.

수업 협의회를 하는 동안 '봉황에서 어떻게 수업을 나눌까? 이렇게 한다면 바로 적용 가능할 것 같은데.' 하는 들뜬 마음이 있었는데 돌아와 보니 바로 시작하는 것은 생각보다 쉽게 않다. 다만 그 전보다 마음이 훨씬 가벼워진 것 같다.

## 참관자 이야기 5

## 수업 비담은 나에겐 여행이다

송주희 선생님(창원 제황초등학교)

동광초등학교 선생님 여덟 분이 우리 학교를 방문하여 함께 협의회를 하게 되었다. 나는 개인적으로 보기 드문 도움반 수업을 본다는 기대감이 있었지만 방문하신 분들한테는 고개가 갸웃거릴 수업 나눔인 듯하다. 학습도움반 선생님과 별이(가명)의 일대일 수업이다. 별이(가명)는 지적장애 3급을 가진 친구이다. 작년부터 계속 학습도움반 친구들이 만들고 있던 비즈 공예 작업으로 수업이 시작되었다. 작은 조각을 핀셋으로 옮겨 칸에 맞추어 끼우기를 15분가량 하여 호랑이를 완성한 후, 스마트 기기로 숫자와 글자 공부하는 활동이 이어졌다. 학기 초 1학년 교실에 들어가 본 적이 있는데 그때 본 별이는 함께 하는 활동에 잘 어울리지 못하고 혼자 일어나는 모습을 자주 볼 수 있었다. 오늘 본 수업에서는 완전히 다른 아이 같았다. 특히 인상 깊었던 장면은 스마트기기로 숫자 8을 쓸 때였는데 필순이 틀리자 기계에서 "천천히 다시 해 보세요." 하는 말이 두 번 반복되었고, 짜증이 난 아이가 터치펜으로 화면을 가득 칠해 버리는 행동이었다. 1~2분가량 걸렸을까? 나 같으면 "그만!"을 세 번쯤은 외쳤을 긴 시간 동안 학습도움반 선생님은 특별한 행동을 하지 않았다. 놀랍게도 화면을 다 칠하고 난 아이는 아무렇지도 않은 듯 다시 8을 썼고, 통과하자 기분 좋게 20분가량 활동을 계속해 나갔다. 그 순간 깨달음이 왔다.

'아, 아이에게 감정을 해소할 수 있도록 놔두라는 것이 이런 의미였구나!'

군이 남에게 피해를 주는 것이 아니라면 제재하지 않고 놔두는 여유, 교사에게는 그런 것이 필요하다는 생각이 들었다. 그래서 평소의 내 고민과 연결 지어 토의 주제로 '끊임없이 물건 만지작거리는 아이, 놔둬도 될까?'를 제안했다.

다른 선생님들은 어떻게 이런 문제를 받아들이고 대처하고 있는지, 어떤 대처가 효과가 있었는지 궁금했다. 실제 토의는 '누가'에 같이 쓰인 '수업 중 집중력을 흐리게 하는 요인, 아이에게 있을까?'와 연결되었다. 다른 선생님들도 별이가 40분 내내 보여 준 집중력에 놀라움을 금치 못했다. 교사가 잠깐 다른 움직임을 보일 때 아이의 시선이 분산되는 것을 발견하였다. 토의를 하면서 수업 중 종종 부산스런 모습을 보이는 내 모습이 떠올랐다. 그리고 작년 우리 반에 유난히 물건을 늘어놓고 만지작거리던 아이에게 종종 참지 못하고 지적을 하곤 했는데, 그것이 나를 위함이었는지 아이를 위함이었는지 곰곰이 되짚어 보게 되었다.

수업 속 아이와 교사의 모습을 바라보는 선생님들의 시선은 참 깊이 있고 다양하다. 오늘 본 수업에서 내가 본 것은 '기다림'이었지만 다른 선생님들을 통해 '집중력', '필순 지도', '개인차', '스마트 기기 사용' 등 여러 가지 이야기를 나눌 수 있었다.

　어른들은 흔히 '남의 자식'이니까 허용이 되지, '내 자식' 문제는 그렇게 안 된다고 말씀하시곤 한다. 그래서일까, 남의 수업을 보고 이야기 나누는 것은 설렘과 부담을 같이 안고 가는 일이다. '나는 왜 아이를 기다려 주지 못할까?' 하는 반성도 하고, 한편으론 '누구에게나 수업은 쉽지 않은 거구나!' 하는 위로를 얻는다. 그래서 수업 비담은 나를 자꾸 들여다보게 만드는 여행 같다. 잠깐 남의 수업 속으로 풍덩 들어가서 실컷 보고, 듣고, 생각하고, 느끼고 나오면 어느새 내 수업을 진지하게 들여다볼 힘이 나는 것 같다. 여행은 '어디로 가느냐' 보다 '누구와 가느냐'가 더 중요하다고 한다. 어떤 수업을 보느냐가 아니라 누구와 수업에 대해 이야기를 나누느냐가 수업 비담의 질을 좌우하듯 말이다.

# 3장. 사회자 이야기

사회자가 뭐 하는 사람이야?

사람들이 말을 안 하면 어떻게 하지?

사회자는 협의회에서 무엇을 얻을 수 있을까?

# 사회자 이야기 1

## 사회자는 뭐 하는 사람이야?

최정연 선생님(창원 안골포초등학교)

수업 협의회를 하려면 수업 교사, 협의자, 사회자가 필요하다. 수업 교사는 말 그대로 수업을 공개하는 교사이며, 협의자는 그 수업을 참관하고 그 수업에 대해 수업 교사에게 자신이 본 것을 이야기하기 위해 협의회장에 오는 자이다. 그럼 사회자는?

수업 비담을 만나기 전 내가 본 수업 협의회의 사회자는 대부분 업무 담당자였다. 그들은 수업 협의회를 추진하는 업무 담당자로서 말 그대로 업무를 추진하기 위한 진행자로서의 역할을 했다. 그들이 하는 말은 "먼저 수업 교사의 자기평가 및 소감을 듣겠습니다.", "수업을 보신 분들의 소감을 듣겠습니다."와 같이 협의회를 순서에 맞게 진행하기 위한 멘트만 했다. 그들이 가장 밝은 표정으로 기쁜 듯 이야기할 때는 "이상으로 수업 협의회를 마치겠습니다."였다. 나도 그 역할을 맡았을 때, 협의회 전 내가 준비하고 신경 쓴 것은 참가자들의 명단, 수업 교사 및 참가자(협의자)의 참석 여부, 협의회 시작 시각과 장소의 쾌적함이나 준비물 등이었다. 협의회 중에도 참관자들의 이야기는 귀에 들리지 않았고, 협의가 끝난 뒤 나에게 남은 것은 '오늘 무사히 일이 마무리되었다. 드디어 끝났다.'라는 생각뿐이었다.

업무 담당자가 아닌 또 다른 사회자는 교감 선생님이나 장학사 또는 수석교사였다. 그들은 업무 담당자가 되어 수업 협의회를 마련하기도 했지만, 수업 협의회를 통해 자신이 가진 다양한 노하우를 동료들에게 나누어 주기 위해 협의회를 마련하기도 했다. 그래서 그들이 주최한 협의회에서 그들은 많은 것을 알려 주기 위해 무척이나 노력하는 사회자였다. 그 자리에 함께한 이들이 자신을 통해 하나라도 더 많은 배움과 깨달음을 얻어 가길 바라는 마음에서 많은 이야기를 쏟아 내었다. 그러다 보니 가끔 수업 협의회가 협의가 아닌 배움과 가르침이 일어나는 교실 같다는 생각이 들었다. 그리고 가끔 그들은 이 협의회를 통해 어떤 것을 얻었는지 궁금해졌다.

처음 수업 비담의 사회자 역할을 맡았을 때 무척 긴장되고 고민이 많았다. 수업 비담이라는 것을 접하면서 수업 교사도 되어 보고, 다수가 있을 때 모둠 사회자가 되어 보기도 했지만 주로 참관자로서 참여했다. 그때마다 사회자의 말 한 마디 한 마디에 협의의 방향이 바뀌기도, 협의회장의 분위기가 바뀌기도 하는 것을 느껴서인지 사회자는 꼭 중요한 사람만 한다고 생각했다. 그런데 나에게 전체 협의에 대한 사회자로서의 역할이 주어졌다.

'어떤 말로 수업 교사를 소개해야 수업 교사의 긴장된 마음을 풀면서 전체 분위기도 좋게 만들까?'

'전체 협의 시간에 아무도 이야기를 안 하면 어쩌지?'

'한 명이 이야기를 독점하면 어떻게 해야 하지?'

'누군가 수업 교사를 가르치려 들면 어떻게 제지해야 하지?'

'수업 교사가 내가 진행한 협의회를 통해 오히려 마음에 상처를 입으면?'

'참관자들의 수준이 너무 높아 내가 그들의 이야기를 이해하지 못하면?'

등등 오만 가지 걱정거리로 머릿속이 가득했고 협의회 전체 사회자로서의 부담감도 컸다. 그래서였을까? 처음 내가 사회를 본 수업 비담은 솔직히 망했다.

사실 나는 급한 성격에 듣기보다는 말하기를 좋아한다. 그리고 타인의 생각을 이해하는 것보다 나의 생각을 타인에게 이해시키는 것을 더 좋아한다. 그래서 아주 잠깐의 침묵 상태도 기다리지 못한다. 이런 나의 성격과 첫 사회자로서의 부담감, 이 협의회에서 반드시 의미 있는 말들이 오고가야 한다는 강박이 만나서였을까? 협의회를 진행하는 내내 사람들이 말을 많이 하지 않아 무척 힘들었다.

수업 비담이 끝난 뒤 친한 참관자들에게 "사람들이 말을 안 해서 너무 힘들었어."라고 이야기하자 "내가 그 주제에 대해 말하려고 하는데 네가 다른 주제로 넘어갔어.", "생각하고 있는데 자꾸 말하라고 하니까 더 생각이 안 나고, 말할 틈이 없었어.", "OO에 대해 더 이야기하고 싶고, OO에 대한 △△의 생각을 듣고 싶어서 기다리고 있었는데 네가 다른 이야기로 방향을 돌렸고, ㅁ

□의 이야기를 더 듣고 싶었는데 중단시켰어.", "우리는 앉아 있는데 사회자가 자꾸 칠판 앞에 서서 말을 하라고 하니까 마치 정답을 이야기해야 하는 교실 같았어."라는 이야기를 해 주었다.

그랬다. 나는 참관자들이 생각하는 잠깐의 침묵을 이해하지 못하고, 업무 담당자가 밀린 업무를 진행하듯 협의회를 진행했었다. 그리고 참관자들 사이에 오가는 말, 그들의 고민을 연결 지어 토의를 진행하지 않고 이 협의회에 온 모든 사람이 뭔가 하나씩은 배워가야 한다는 강박에 자꾸 답을 요구하기도, 내 생각을 강요하기도 했던 것이다. 내가 협의자로서 참여하며 느꼈던 협의가 아니었다. 이런 생각은 나와 비슷한 사회자를 만나고 나서 더 분명해졌다.

수업 비담에서의 사회자는 참으로 다재다능한 사람이어야 했다. 업무 담당자처럼 협의회라는 업무를 순조롭게 준비해서 무탈하게 마무리하는 역할도 해야 하고, 수업 교사가 부담 없이 자신의 수업을 공개할 수 있도록 협의회 분위기도 조성해야 하며, 참관자가 자신이 생각을 자유롭게 이야기할 수 있도록 분위기를 조성하면서도 생각이 한쪽으로 치우치지 않도록, 너무 깊은 생각으로 몰입되지 않도록 방향을 잡아 주기도 해야 한다. 그뿐 아니라 참관자들 개개인이 내놓은 생각을 의미 있게 연결해 줘야 하며, 동시에 협의 공간에 있는 모두의 마음을 잘 연결해 줘야 한다. 또 그 공간에 소외된 자가 없는지 살피며 소외된 자를 부드럽게 무리 속에 들어오게 해야 한다. 마치 오케스트라를 지휘하듯 참관자 하나하나를 관찰하고 그들의 말 한 마디 한 마디에 귀 기울여 조화를 이루도록 이끌어야 한다. 수업 비담의 사회자는 한 가지 역할로서의 사회자가 아니어야 한다.

이런 생각을 가진 후 나는 몇 번 더 사회자의 역할을 맡았다. 물론 나는 위에서 생각한 그런 다재다능한 사회자가 되지 못했다. 참관자에게 생각할 시간을 주지 않았다는 기억에 생각할 시간을 너무 많이 준 지루한 협의회를 만들기도 했고, 사회자의 신분을 망각하고 열띤 토론에 푹 빠져 협의자로서의 협의회를 이끌기도 했다.

그런데 수업 비담을 만나기 전 협의회 속에 있는 사회자와는 다른 사회자로서의 역할을 하고 있다는 것은 분명했다. 비록 내가 생각했던 다재다능한 사회자는 아니었지만 협의회 내내 참관자들의 소리 하나하나에 귀 기울였고, 그 생각들을 연결 짓기 위해 많은 생각을 했으며, 그 과정에서 단순히 진행자로서의 역할만 충실히 하는 일꾼이 아닌 나 나름의 배움과 깨달음을 스스로 찾아가는 사회자였다. 솔직히 아직도 수업 비담에서 사회자가 무엇을 하는 사람인지 명확하게 잘 모르겠다. 그리고 안다 하더라도 그것을 실천할 자신은 없다.

하지만 이것 하나는 분명한 것 같다. 사회자도 수업 비담 속에서 참관자들의 생각을 들으며 자신을 성찰하고 성장할 수 있다는 것! 그리고 사회자로서 깨친 만큼 그 자리에 있는 수업 교사와 참관자와 함께 성장할 수 있도록 먼저 손을 내밀어 수 있는 사람이어라는 것을!

# 사회자 이야기 2

## 공감의 공간, 성찰의 시간이 되기를

주자완 선생님(함안 가야초등학교)

수업 비담은 '수업갈무리'라는 연구회 내의 소모임에서부터였다. 나는 도전적인 선생님들의 의기투합에 운 좋게(!) 함께했고, 운 좋게(?) 첫 수업 공개자가 되었다. 수업 공개 교사는 다음 모임의 사회자 역할을 맡는 것이 작은 규칙이었기 때문이다. 협의회 형식은 물론 사회자의 역할에 대해서도 정해진 바가 없었기에 나는 나름대로 최선을 다해 진행하였다. 결국 의욕 과잉의 시끄러운 사회자 탄생! 스스로에게 조금은 놀랐다. 나의 최선은 곧 나의 말 많음이라는 것이 증명되는 순간이었기 때문이다. 이것은 곧 나의 수업 현장을 반추하는 일이기도 했다.

그날의 첫 사회자 경험 이후 꽤나 많이 연습할 기회가 있었다. 함안지부 공부에서 협의회 사회자는 대개 내 차지였기 때문이다. 선험자라는 이유에서였다. 사회자로서의 나의 숙제는 '말 줄이기', '자연스러운 개입과 연결'이었다. 몇 번의 연습 과정에서 결국 이것은 내 수업에서의 고민 그대로였다는 사실을 깨달았다. 지금까지도 나는 내가 수업의 주인공이 되고 싶어 했던 건 아닐까. 아직도 수업에서는 내가 중심이었고, 아이들은 겨우 내 생각에 따라오는 조연이었다는 반성이었다. 협의회에서 가장 미약하게 느껴졌던 중립적 매개체로서의 역할이 내게 꽤나 묵직한 돌직구를 던져 주었다.

사회자의 또 다른 중요한 시선은 '이야깃거리'였다. 여러 번의 협의회 경험으로 느낀 것은 사람들은 여전히 수업 교사의 의도와 생각에 관심이 많고, 사람들에게서 이야기가 나오지 않아 대화가 잘 일어나지 않는 경우도 많다는 것이었다. 모두 다른 수업이지만 결국 비슷한 고민과 질문들이 계속해서 나온다는 점, 다른 관점의 이야기 역시 이내 비슷한 고민거리로 돌고 돈다는 점, 또 쉽게 해소되지 못하고 다시 물음표를 안고 돌아가는 마음의 찜찜함도 있었다. 어쩌면 이 모든 것은 쉬이 바뀌지 않는 우리의 사고의 틀의 문제라는 근원적인 질문에 닿는 것 같기도 하다.

그럼에도 모두를 만족시킬 만한 방법은 없을 것 같다. 수업 교사의 고민과 참관자로서의 고민 지점은 다를 수밖에 없고, 같은 고민에 대한 이야기라 하더라도 각자의 고민은 사람마다 그 의미가 다를 것이다. 오히려 그 과정에서 생각의 교차와 평행을 느껴 보는 시간이 자신의 수업 성찰에 자양이 될지도 모른다.

수업 비담. 가르쳐 주는 사람은 없었지만 배웠고, 부끄러웠던 내 수업을 드러냈지만 아프지 않았다. 우리의 협의회는 그저 자신의 수업 고민을 비우고 담아내는 시간일 뿐이었으니까. 누가-왜-무엇-어떻게. 칠판을 꽉 채운 무궁무진한 수업 고민들을 만나는 일은 언제나 설렌다.

# 사회자 이야기 3

## 성장은 각자의 몫으로 돌린다

김명숙 선생님(창원 제황초등학교)

행복학교 수업 나눔의 날 수업 비담 과정을 공개하면서 우리들의 고민은 다음 2가지였다.

첫째, 어떤 수업 동영상을 보여 줄 것인가?

오시는 선생님들은 수업 협의회보다는 수업 공개 그 자체에 관심이 많을 것이다. 그렇다고 안전한 수업 틀 내에서 볼거리 위주의 화려한 수업을 보여 준다면 우리가 의도하는 수업 협의회로의 무게중심 이동은 불가능하다. 여전히 선생님들은 수업 교사체에만 집중하려 할 것이기 때문이다. 수업 교사체에 현혹되지 않을 적당한 무게와 밀도를 가진 수업이면서 자연스럽게 수업 협의회에 집중될 수 있는 수업. 편안한 일상을 담은 수업이면서 우리의 학교문화를 이야기할 수 있는 수업이어야 했다.

둘째, 40명이 한꺼번에 참여하는 수업 협의회를 어떻게 진행할 것인가?

10명 정도가 하던 우리끼리의 작은 협의회와는 달리 처음 만난 선생님들을 9개의 모둠으로 나누고 협의를 진행하는 것은 쉬운 일이 아니었다. 우리 학교 선생님들도 처음 모둠 사회자 역할을 어떻게, 얼마만큼 해낼 수 있을지도 미지수였다. 당일 출장자도 일정을 취소하고 막내 선생님까지 모둠 사회자로 참여해야만 9개 모둠의 협의를 진행할 수 있었다. 다양한 경력의, 다양한 관점을 가진 낯선 선생님들이 모이면 예상할 수 없는 다양한 토의 주제가 나올 텐데 그것들을 의미 있게 다룰 수 있을지도 고민이었다. 교실에 9개 모둠의 책상을 놓고 모둠 사회자의 접이식 의자까지 끼워 넣으니 움직일 공간이 나오지 않는다는 것도 외부인들에게는 매우 불편한 환경이었다.

당일 보여 주기로 결정된 수업은 학습도움반 선생님의 장애 이해 수업이었다. 우리 학교 선생님들과 한 번 진행했던 수업이라 모둠 사회 진행이 수월할 것이고, 도움반 선생님과 일반 학급 아이들의 편안한 수업 흐름도 보여 줄 수 있으며 도움반교사도 자연스럽게 수업을 공개하고 협의회에 참여하는 수업 나눔 문화를 보여 주는 것이 우리에게는 일상적이면서도 외부에는 새로운 시도로 보여질 것이라 기대했다. 이 부분에 대한 참여 선생님들의 소감이 궁금했다.

수업 비담을 마치고 전체 진행자로서 아쉬움이 많았다.

1단계 '수업의 장점을 중심으로 돌아가며 말하기'는 분위기를 여는 데 도움이 되지 못했고, 수업의 장점을 제대로 짚지도 못했으며, 시간 조정을 위해 급하게 건너뛰어 버렸다. 참석자 전체를 대상으로 말하는 것이 아무래도 부담스러웠나 보다.

2단계 '관찰한 사실에 근거하여 수업을 이해하기'는 모둠으로 돌려 활발하게 진행이 되었던 것 같다. 우리 학교 선생님들의 모둠 진행 능력이 발휘되었다. 참가자들의 발언 기회를 공평하게 분배하면서 흐름이 치우치지 않도록 하면서 사회자로서 한 발짝 물러서 있는 일은 쉽지 않은 일이었지만 참 잘하셨다.

3단계로 모둠에서 나온 의미 있는 토의 주제를 추출하여 4가지 차원으로 판서한 후 전체 토의를 진행했다. 핵심 키워드로 '참여', '질문', '수용과 허용' 등이 나왔는데 심도 있는 토론을 하기에는 시간이 충분하지 않았다.

내 개인적인 컨디션 난조로 전체를 연결시키는 데 어려움도 있었지만 처음 만난 사람들과 바로 수업 이야기로 들어가는 것이 참으로 무리한 시도였다는 걸 깨달았다. 서로에 대한 소개 없이, 관계가 형성되지 않은 상태에서 타인에게 자신을 드러내는 일 역시 아무래도 쉽지 않았다.

다행히 마지막 단계로 수업 나눔을 통해 내가 배운 것을 이야기하면서 모둠별로 몇몇 의미 있는 소감들이 나왔고, 수업 교사인 주세완 선생님의 훌륭한 수업 교사 소감 덕택에 잘 마무리되었다.

처음 보는 특수교사의 수업, 처음 하는 협의회 방식에 낯설고 어색해하는 모습이 많이 보였다. 이런 방식의 수업 협의회도 있구나, 신기했다고 하는 소감은 부정적 소감에 대한 포장으로 해석된다. 이후 수업 협의회 방법에 대한 질문이나 자료 요청이 없는 것도 부정적 피드백으로 해석된다.

참가자 모두로부터 소감을 들어 보지는 않았지만 그래도 우리의 의도를 이해한 선생님의 소감은 "이런 정도의 일상 수업이라면 나도 수업을 공개할 수 있겠다. 이런 협의회라면 나도 수업을 공개할 수 있겠다."라는 말이었다.

낯선 환경에서 한 번의 경험으로 이해하기에는 많이 어려웠을 것이다.

갈 길이 멀다. 성장은 각자의 몫으로 돌린다.

# 사회자 이야기 4

## '나눔'으로 내가 더 성장할 수 있다는 깨달음

정선희 선생님(진주교육대학교 부설초등학교)

2015년 '아이함께연구회'에서 수업 비담을 처음 만났다. 그리고 매료되었다. 좋은 것을 좋은 사람들과 나누고 싶은 순수한 마음으로 우리 학교 선생님들과도 함께 실천해 보았다.

2016년 1년 동안 나를 위한 충전을 마치고 2017년 학교 현장으로 돌아온 나는 올해 7월까지 5개월 동안 진주시 수업연구교사가 참여하는 수업 비담 2회, 우리 학교 동료 교사가 참여하는 수업 비담 1회, 전국 부설초등학교 연합 워크숍 참여 교사를 대상으로 하는 수업 비담 1회, 진주교육대학교 부설초등학교 수업 실습 1과정에 참여하는 예비 교사를 대상으로 하는 수업 비담 1회 등 총 5회의 수업 비담에서 '사회자' 역할을 자청했다.

그러나 수업 비담을 연구회 회원 선생님이 아닌 일반 선생님들과 함께하는 과정은 생각보다 어려웠다. 수업 후 협의회에 60분 이상을 투자하는 것 자체가 학교 현장에서는 어불성설이기 때문이다. 당장 내일 수업 준비할 시간도 없는데 다른 교사의 수업 동영상을 40분 동안 보고 60분 이상의 수업 협의회에 참여하는 것을 환영할 선생님은 많지 않으리라. 하지만 그것도 이미 각오한

바였다. 그래서 선생님들의 반응이 서운하지 않았다. 어떻게 하면 수업 비담의 철학을 와 닿게 만들까를 앞서 고민했다. 아이함께연구회 선생님들은 수업 비담 철학을 이해하고 실천해 보셨기 때문에 부연 설명이 필요 없었지만, 다섯 번의 수업 비담 참여자들은 한 번도 이러한 수업 협의회 형식을 경험해 보지 못한 선생님들이었다. 그래서 어떻게 하면 수업 비담의 철학과 규칙을 간략하면서도 명확하게 전달할 것인가에 대한 고민이 필요했다. 다섯 번의 수업 비담 경험과 우리 학교 동료 교사들과의 협의를 통해 기존의 '수업 비담 기록지' 양식을 수정해 보기도 했다. 수정한 기록지로 전국 부설초등학교 연합 워크숍에서 한 분임을 맡아 수업 비담을 개최해 보기도 하였다.

이러한 경험을 통해 느낀 것은 다음과 같다.

첫째, 공개되는 수업 동영상은 수업 비담의 질에 크게 영향을 미치지 않는다는 사실이다. 오히려 수업 교사가 실패했다고 보여 주기를 꺼려하는 수업 동영상이 수업 교사뿐 아니라 참여자들에게 더 의미 있는 수업 비담을 경험하게 해 주었다. 그리고 같은 수업 동영상일지라도 참여자들이 달라지면 수업 비담은 전혀 다른 방향으로 전개되었다. 이러한 사실로 미루어 볼 때, 수업 비담의 질은 수업 동영상이 크게 영향을 미치지 않는다고 볼 수 있다. 수업 비담의 질을 좌우하는 것은 참여자들이었다.

둘째, 수업 비담에서 '사회자'의 역할 비중이다. 수업 비담에서 '사회자'는 어느 정도의 비중을 차지할까? 보통 비중이 매우 높다고 생각하기 때문에 수업 협의회의 사회자를 맡으라고 하면 선 뜻 받아들이기가 어려운 것은 사실일 것이다. 하지만 참여자의 만족도는 사회자의 비중이 높았을 때보다 낮았을 때가 더 높다 는 것을 알 수 있었다. 전체 토의 시간, 침묵이 흐른다면 사회자 는 긴장하게 된다. 꼭 사회자가 무슨 말을 해야 한다는 생각이 든 다. 하지만 사회자는 이 침묵의 시간을 깨뜨려 줄 누군가에게 "선 생님 생각은 어떠십니까?"라고 묻기만 하면 된다. 그렇게 물었을 때 자신의 의견을 내놓지 않은 참여자는 한 명도 없었다. 사회자 의 가장 중요한 역할은 참여자들이 자유롭게 이야기를 할 수 있 도록 편안한 분위기를 조성해 주는 것이다. 이를 위한 최선의 방 법은 참여자들을 위한 격려와 발언의 기회 부여, 편안한 미소이 다. 어렵다면 칠판에 '모두가 참여해요. 생각을 나누어야 배울 수 있어요.'라는 문구를 써 놓고 말없이 문구를 가리키면 참여자들 은 웃으면서 자신의 의견을 이야기하기 시작한다.

셋째, 수업 기록지의 양식 중 '1. 수업에서 관찰한 사실 기록하 기'와 '2. 수업과 수업 교사의 장점 찾기'가 1, 2번으로 나뉘어져 있다. 수업 비담에 처음 참여한 선생님들 중 몇 분이 이 두 단계 를 하나로 합쳤으면 좋겠다는 의견을 내주셨다. 그리고 수업에 서 관찰한 사실을 기록할 때 반추되는 나의 수업 고민들을 같이 적도록 했으면 좋겠다는 의견이 있었다. 1, 2번 다음 단계인 '3. 수업에서 관찰한 사실 나누기'를 모둠에서 나눌 때 바로 이야기 하기가 수월하기 때문이었다.

'사회자' 역할을 하면서 가장 힘들었던 것은 나도 참여자 선생님들과 고민을 나누고 싶다는 것이었다. 참여자 선생님들의 의견에 내 생각을 덧붙여 이야기하고 나의 생각에 대한 다른 선생님들의 의견을 듣고 싶었다. 말을 많이 하고 싶었던 것이다. 처음에는 그걸 못 참고 '사회자'의 의견을 쏟아냈다. 하지만 '사회자'가 말을 많이 하면 할수록 참여자 선생님들이 부담을 느끼시는 것 같았다. 참여자들이 말문을 닫기 시작했다. 그래서 '사회자' 본연의 역할에 충실하기로 했다. 말을 줄이고 참여자들이 편안하게 의견을 주고받을 수 있도록 격려의 말과 편안한 미소를 건넸다. 그러자 예전보다 수업 비담에서 주고받는 의견들이 풍부해졌으며, 나는 그 맥락들을 더 잘 이해할 수 있었다. 특히 선생님들의 고민이 무엇인지 공감하여 내 수업에서 어떤 점을 고려해야 할지 스스로 깨달을 수 있었다. 수업 비담의 회를 거듭할수록 현장 선생님들이 안고 있는 대부분의 고민이 유목화되기 시작했으며, 그에 대한 해결책을 찾아내 수업에서 적용해 나가기 시작했다. 수업 고민에서 정답은 없다. 왜냐하면 수업적 맥락이 모두 다르기 때문이다. 그렇기 때문에 그 고민을 해결할 수 있는 해결책은 다양하다. 교사는 이러한 다양한 해결책을 무기로 장착해야 어떤 수업에서든 학생들의 배움을 이끌어 낼 수 있다. 이런 측면에서 볼 때 수업 비담은 수업 교사, 사회자, 참여자들에게 위와 같은 수업 성찰의 기회를 동등하게 부여하는 수업 협의회의 새로운 대안이 될 수 있다고 생각한다.

나는 '나눔'으로 내가 더 성장할 수 있다는 것을 아이함께연구
회에서 배웠다. 그런데 교사는 절대 '배움'에서 만족해서는 안 된
다는 것도 배웠다. 배움은 찰나의 만족감을 선사하지만 현장 교
사의 일상은 그 배움을 망각하게 만들어 내일이 두려운 교사로
제자리걸음을 하게 만든다. 배움 뒤에는 반드시 '나눔'이 있어야
한다. 그래야 성장할 수 있다. 앞으로도 계속 실천을 해 볼 계획
이다. 그리고 올해 11월 말에 있을 '아이 함께 수업 실천 사례'에
서 나와 같이 '사회자' 역할을 해 보신 선생님들을 만나 그동안의
경험과 성찰을 나누고 싶다. 그 '나눔'을 통해 나는 또 얼마나 성
장하게 될까? 생각만 해도 가슴이 두근거린다.

# 사회자 이야기 5

## 나는 오늘 어떤 사회자였는가?

이소영 선생님(창원 제황초등학교)

내가 수업 교사를 했을 때를 돌이켜보면, 내 수업이라는 민낯을 드러내 놓고는 변호도 하지 못하는 강제 음소거 상태로 참관자들의 대화를 듣기만 하기에 참 답답했다는 기억이 난다. 수업을 공개한 사람으로서 내 관점, 의도를 말하고 싶은 참을 수 없는 강렬한 본능을 억누르다 어느 순간 나를 되돌아보는 성찰의 문을 여는 순간이 왔다. 참관자들의 대화 속에서 그들의 시선을 느끼고, 그 시선에서 다시 나의 수업을 새롭게 바라보며 나만의 성찰의 시간으로 협의회가 다시 태어난 것이다. 그럼 사회자에게 수업 비담은 어떤 의미로 다가올까? 사회자는 수업 비담의 어떤 지점에서 자신의 수업을 성찰하게 될까?

사회자는 교실에서 한 시간 수업을 하고 있는 선생님과 같다. 아이들이 말할 때 잠깐의 틈을 못 참고 뭔가를 해 줘야 한다는 설명 본능, 아이들의 질문을 이끌지 못하고 의미 있는 말을 하도록 발문하려는 진행 본능, 전원 참여 독촉 본능, 너희들을 못 믿어, 내가 알려 주마 하는 전지전능 본능! 각종 교사 본능이 수업 협의회 사회자에게서도 나온다. 오늘 나는 선생님들이 말씀하실 수 있도록 30초의 침묵 시간을 갖고 기다려 줬는가? 억지로 연결 짓고 있지는 않았는가? 누군가가 고민을 말하려 하는데 방해하지는 않았는가? 부끄럽게도 잘했다고 답하기는 어렵다. 사실 참관자들이 협의회를 통해 배움을 일으켜야 하는데 주춤거리게 만드는 것은 무엇보다 기다려 주지 않는 사회자의 태도이다. 오늘 나는 미리 예상한 나만의 진행 시나리오에 따라, 해야 할 것대로 착착 진행되기를 바라며, 억지로 끌고 가며 선생님의 말을 가로챈 것이 몇 번 있었다.

사회자는 수업 시간 아이들 앞에 선 교사로서의 내 모습을 떠올리게 한다. 듣지 않으면서 말하라고 독촉하는 선생님, 아이들은 배우지 못했는데 정해진 진도대로 계속 쭉쭉 빼는 선생님, 말할 기회를 주지 않는 선생님, 생각을 가로막는 선생님, 여유가 없는 선생님, 웃음이 없는 선생님, 기다려 주지 않는 선생님, 아이들의 시선에서 배움을 바라보지 못하는 선생님.

"교사의 말을 최소한으로 줄여야 해. 40분 수업 중 10분 이상 말하지 마라. 아이들이 알아듣고 있겠니?"

"여유를 갖고 아이들을 기다려 줘. 아이들은 각자 저마다 생각하고 있어. 다만 느릴 뿐이야. 넌 그렇게 빠르게 생각할 수 있니?"

항상 수업 시간이 끝나면 내가 나에게 하는 말이다. 나의 수업 시간 모습이 결국 오늘의 사회자 모습이지 않을까? 혹시 나는 오늘 어떤 사회자였을까? 오늘 수업 비담에서 사회자로서 마무리를 지으며 참관자 선생님께 한 말이다.

"수업에 대한 각자 고민들이 있습니다. 일단은 비워 내야 합니다. 내 속에 있는 것들을 비워 낼 때, 그때 다시 담을 수 있습니다. 수업 비담은 그런 시간입니다. 오늘 선생님들이 더 나누고 싶은 고민들을 다 못 비워 냈을 수도 있습니다. 학교에 돌아가셔서 동료 선생님들과 함께 수업을 매개로 고민을 비워 내고 또 다른 수업 생각을 담아 가는 나눔의 시간을 가지셨으면 합니다."

수업이 없다면 교사로서의 존재 역시 없어질 것이다. 그만큼 수업이 중요하다는 것이다. 그런데 우리는 정작 수업을 매개로 동료들과 깊이 있는 대화를 몇 번이나 가졌을까? 수업으로 서로의 생각을 공유하고 공감하는 시간이 필요하다는 것은 교사라면 누구나 동의할 것이다. 오늘 우리가 함께한 수업 비담, 즉 수업 고민을 비우고 담아내는 협의가 학교에서 일상적인 교사 문화로 만들어진다면 어떨까? 생각의 공유를 넘어, 수업을 매개로 철학적 대화를 나누며 서로 공감하는 전문가 집단인 교사 집단을 상상해 본다.

# 참고 문헌

곽영순·김종윤(2016), 〈한국형 교사 학습공동체의 특성과 과제〉, 《교육과정평가연구》

김도기·김효정(2011), 〈수업컨설팅의 개념과 위상〉, 교원교육

김명숙 외(2015), 〈경남교육연구정보원 현장연구논문 : 배움중심수업 정착 방안〉

김순희(2009), 〈교사의 반성적 수업 실천을 위한 방안 탐색〉, 《한국교원교육연구》

김태현(2012), 《교사, 수업에서 나를 만나다》, 좋은교사

김현섭(2013), 《수업을 바꾸다》, 한국협동학습센터

김현섭(2016), 《수업성장》, 수업디자인연구소

서경혜(2013), 〈교사 학습에 대한 공동체적 접근〉, 《교육과학연구 제 44집》

서근원(2013), 《수업 어떻게 볼까?》, 교육과학사

서근원(2012), 《학교혁신의 패러독스》, 강현출판사

신지혜(2011), 〈수업전문성 신장을 위한 수업비평 공동체에 관한 연구〉, 《열린교육연구》

아이함께(2105), 《내일 수업 어떻게 하지?》, 살림터

앤디 하그리브스·데니스 셜리(2009),《학교교육 제4의 길》, 이찬승·김은영 옮김(2015), 21세기 교육연구소

앤디 하그리브스·마이클 폴란(2014), 《교직과 교사의 전문적

자본》, 진동섭 옮김(2014), 교육과학사

오욱환(2015),《교사 전문성》, 교육과학사

윌리엄 에이스,《가르친다는 것》, 홍한별 옮김(2012), 양철북

윤양수·원종희·장군(2015),《수업의 정치》, 살림터

이규철(2013),《수업의 딜레마》, 맘에드림

이상수(2011),〈수업컨설팅과 PCK 교수법〉,《진주교대 제 10회 수업
개선 포럼》

이혁규·엄훈 외(2014),《수업 비평의 이론과 실제》, 교육공동
체벗

정웅(2015),〈공동체주의 철학을 통해 본 배움의 공동체 연구〉

좋은교사 수업코칭 연구소(2014),《좋은교사 수업컨퍼런스 자
료집》

진영은·함영기(2011),〈수업전문성 재개념화의 실천적 탐색
을 위한 질적 사례연구〉

한대동·손우정 외(2009),《배움과 돌봄의 학교공동체》, 학지사

Miriam Ben-Peretzl(2014),《교사, 교육과정을 만나다》, 정관순
김세영 옮김(2014), 강현출판사

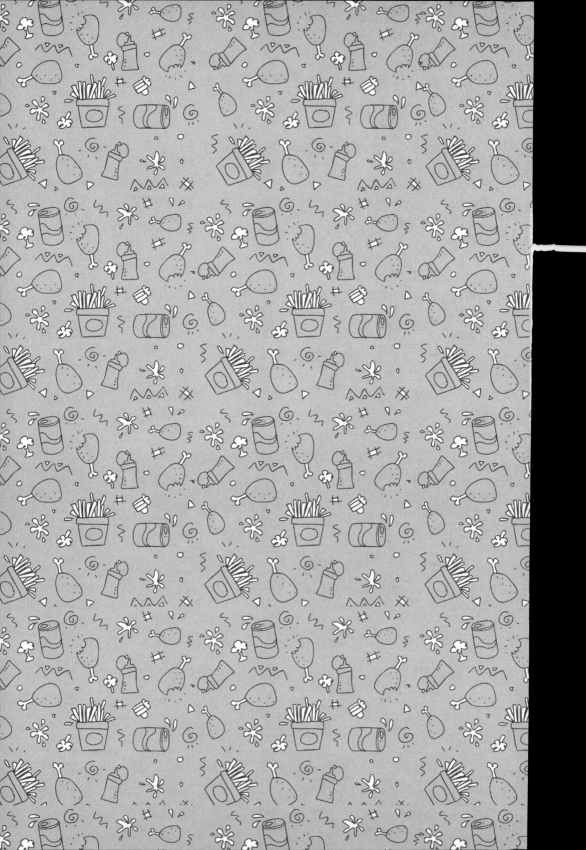